MEU DEUS, NOSSO PLANO

Seis áreas-chave para alavancar e Gerenciar bem sua vida

PELA APÓSTOLO, DR. TERIKA SMITH

Para tudo há uma estação, um tempo para todo propósito debaixo do céu
– Eclesiastes 3: 1 NVI

Meu Deus, nosso plano: seis áreas-chave para alavancar e gerenciar bem sua vida

Publicado nos Estados Unidos por TSM Publishing
ISBN # 978-0-9965967-4-9
Library of Congress # 2019951780

Para qualquer informação sobre pedidos ou descontos especiais para compras em grandes quantidades, entre em contato conosco @ terika5021@gmail.com

Meu Deus, nosso plano: seis áreas-chave para alavancar e gerenciar bem sua vida

1ª Edição outubro de 2019
Impresso nos Estados Unidos da América

TABLE OF CONTENTS

A RAZÃO PELA QUAL ESTE LIVRO PARECEU E POR QUE VOCÊ DEVE LÊ-LO!

Existe uma música de Miki Howard, Love Under New Management, que diz: "A experiência é uma boa professora." Este livro é sobre minha experiência em administrar meu tempo. O livro nos leva à jornada da minha vida e como se apossar dessas áreas-chave torna o ministério e a vida mais eficazes. Meu desejo é que TODAS as pessoas que leem este livro estabeleçam um plano para suas vidas e ponham Deus no centro dele. Por quê? Porque então não há nada que possa surgir para atrapalhá-los de seus propósitos e chamados.

Todo mundo tem um propósito na vida. Todo mundo tem uma paixão por algo. Muitas pessoas seguem em frente e apenas algumas trazem outras consigo. Este livro não está afirmando que cheguei ao platô e cheguei a esse lugar de perfeição. Eu não tenho, Sou igual a você, em uma jornada, mas com uma ideia de como mover os dados, mudar a marcha, ir do ponto A para o ponto B e ainda permanecer de pé. Através da experiência, eu vi o que funcionou e o que não funcionou e, ao fazê-lo, escrevi este livro para aqueles que estão prontos para recuperar o tempo; Você é uma daquelas pessoas.

Neste livro, você aprenderá a gerenciá-lo melhor aplicando os seis princípios-chave a seguir:

1. Tempo para comida
2. Tempo para exercício
3. Tempo para descanso
4. Tempo para estudo
5. Tempo para oração
6. Tempo para trabalho

No final de cada capítulo, você terá a oportunidade de entrar em acordo com Deus, seu novo parceiro de responsabilidade nessa jornada. O processo Meu Deus, Nosso Plano é um acordo que você entra em você e Deus. Se você está desconfortável com essa ideia, considere garantir um parceiro de responsabilidade mais avançado do que você na respetiva área que o motivará a um crescimento constante. Para mim, porém, não há ninguém maior para me motivar do que meu Deus.

O QUE AS PESSOAS ESTÃO DIZENDO ACERCA DESTE LIVRO

Tem Sido um privilégio para mim ler a apóstolo Dr. Terika Smith, "Meu Deus, nosso plano". Este livro é como um manual que o ajudará a gerenciar de uma forma eficiente seu tempo e obter melhores resultados, tanto em sua vida espiritual quanto em sua vida pessoal. Pessoalmente, quando comecei a ler este livro, imediatamente me identifiquei com o que a apóstolo estava falando. Eu estava sempre ansioso para continuar lendo e chegar ao próximo capítulo. Eu só não queria parar de ler. Ler o livro da apóstolo foi como ter uma conversa com ela pessoalmente. Era como se as palavras dela falassem diretamente em mim. Implementei imediatamente os conselhos que ela me deu. No começo, me senti estranho, porque isso era algo novo para mim; Mas os resultados que vi foram maravilhosos. Fiquei encantado com o fato de a Apóstolo ter abordado todos os tópicos, desde saúde espiritual, mental e econômica, entre outros. Peço que você leia o livro, sei que será uma bênção para todos vocês que lerem o livro.

– Chary Andujar

É divertido trabalhar. Faze-lo é bastante divertido. Mas quando atrapalha o tempo de inatividade, meditação de qualidade e tempo de descanso, torna-se um problema na vida.

A leitura deste livro me ajudou a ver as áreas nas quais eu precisava REALMENTE trabalhar e a fazer um esforço extra para poder melhorar.

Eu recomendo isso a CADA Empresário do Reino e pessoa no ministério que deseja se tornar um mordomo melhor do seu tempo.

– Catherine E. Storing

PARA QUEM É ESTE LIVRO?

Este livro é para a mãe que tenha um filho ou mais e que está tendo dificuldades para equilibrar o tempo.

Este livro é para o pai que está fazendo o seu melhor, mesmo que não seja reconhecido por todos, mas está lutando com o Tempo.

Este livro é para o aluno que quer conquistar o mundo, mas não tem ideia de como equilibrar seu tempo.

Este livro é para o pastor que está liderando uma congregação e fazendo tudo, mas prestes a dizer: "Não posso mais" ou "Não há tempo no meu dia para fazer TUDO o que preciso fazer".

Este livro é para o proprietário da empresa que precisa de clareza e propósito, mas está preso trabalhando na empresa em vez de construí-la porque não há tempo.

Este livro é para o empresário com grandes sonhos, mas quer saber como começar, como criar um cronograma que gere e aproveite seu tempo.

Basicamente, se você está vivo e quer ser um bom administrador do seu tempo e não tem ideia por onde começar e como fazê-lo, este livro é para VOCÊ!

Sei que este livro o ajudará a iniciar um diálogo pessoal em torno dessas seis áreas importantes que considero essenciais em seu caminho para o equilíbrio e o autocuidado:

1.Hora da comida

2. Hora do exercício

3. Hora do descanso

4. Hora do estudo

5. Hora da oração

6. Hora do trabalho

POR QUE EU TIVE QUE ESCREVER ESTE LIVRO

Quando eu era jovem, não sabia o poder do tempo. Ou devo dizer, não valorizava o tempo. Isso não teve influência sobre minha família, pois venho de uma casa de grande disciplina e estrutura. Com um pai que era um oficial de alta patente do exército e uma mãe que era educadora, a disciplina e a estrutura eram fortemente aplicadas. Então o que aconteceu? Eu sei agora, o que eu não sabia antes+. Você pode viver em um ambiente, crescer com as normas do ambiente e AINDA não se adaptar totalmente ao ambiente. Deixe-me explicar. Fiz o que me disseram, segui bem as instruções em termos de o que fazer, quando e como fazê-lo. Não foi até eu ficar mais velho, e se devo confessar, que **entendi, que minha ordem era realmente desordem**. Você já ouviu falar do caos organizado? Descobri que Deus estava-me revelando que estava fazendo demais, ajudando MUITAS pessoas, mas no final do dia me senti esgotado. Algo estava faltando.

O que realmente estava faltando na minha vida? Agora, essa é uma pergunta difícil de responder, honestamente quando você sentir que precisa defender a imagem de ter tudo junto. A realidade era e é que sou um trabalho em andamento; argila na mão do oleiro e diariamente sendo moldada para Seu uso. Eu costumava ensinar estrutura e ordem. Eu preguei que Deus é um Deus de ordem. Aconselho inúmeras pessoas a organizar suas vidas. Parecia um espelho que outros considerariam um exemplo a seguir. Para mim, pelos meus padrões, eu sabia que não era. Eu estava fazendo muito e ainda faço, mas minha vida estava longe de estar em ordem. Não me interpretem mal, para a próxima pessoa, eu estava em ordem, porque para eles eu fiz tantas coisas bem. Então, por que eu escrevi este livro? Como clamei ao Senhor por ajuda, ouvi as vozes daqueles que me amam e estavam preocupados comigo e apertei o botão de pausa na minha vida para refletir. Que meu amigo é um milagre em si mesmo, Deus é bom. Essa "mulher forte" dedicou tempo para ouvir, pausar, refletir e colocar ordem em sua vida

Eu estava na Zâmbia, na África, ministrando por algumas semanas. Deus foi grandemente glorificado, vidas foram mudadas e transformadas, muitos foram curados, a glória de Deus desceu. O que mais eu poderia querer, certo? Voltei da África e fui direto para a minha Conferência anual **Hannah Conferencia para Mulheres**, seguida por outra conferência feminina na semana seguinte. Se você viajou para o fim da África, sabe o quão exaustivo é o voo (e isso não leva em consideração todo o trabalho do ministério que precisamos fazer lá). Então, entrar numa conferência após outra foi cansativo para o meu corpo. Com pouco descanso e recuperação, mergulhei de cabeça no meu diário de responsabilidades. Depois disso, saí por três semanas sem pregar no Brasil. Cada passo do caminho tinha como objetivo dar glória a Deus. Mas eu estava?

Deus foi realmente glorificado sabendo que eu estava funcionando em todas as ÁREAS da minha vida? Eu não estava comendo direito, não estava descansando, estava cansado demais para orar como deveria. É claro que eu estava aproveitando o tempo para reunir a palavra para ir pregar, mas na verdade não estava gastando tempo na palavra para nutrição. E esqueci dos exercícios, o que foi isso? Deus foi realmente glorificado? Eu recebi uma ligação quando finalmente cheguei em casa e achei difícil sair da cama. Eu estava-me sentindo irritado, mas lutando contra isso porque, bem, eu sou uma pastora, então os pastores sempre PRECISAM ficar calmos e tê-lo juntos; errado. Pastores também são humanos.

Pastores, como qualquer outro líder, têm altos e baixos e somente permanecendo em Deus e confiando em Suas instruções, podemos realmente abandonar a ordem e o plano que Ele tem para nossas vidas. Tudo bem, para que seja necessário esclarecer, nem todo mundo que lê este livro tem uma mentalidade de total dependência de Deus em TODAS as áreas de suas vidas. Entendi. No entanto, **TODOS, eu não me importo com quem eles são, têm momentos em que acreditam que há alguém maior que eles e, como resultado, eles procuram encontrar esse "alguém maior" para atender ou cumprir seu objetivo.**

Eu acredito que há um Deus que é o autor e consumador da minha fé. Creio que o Deus que criou os céus e a terra, que soprou a sujeira e a sujeira se tornou uma coisa viva e enviou o Seu único Filho para morrer na cruz, para que eu pudesse ter vida abundante. Deus é o Senhor da minha vida. Com isso dito, nos meus altos e baixos eu confio em Deus e descanso na Sua palavra.

O propósito deste livro não é converter ninguém ou convencê-lo a acreditar no que eu acredito. Independentemente da sua fé ou da sua falta, você pode se beneficiar deste livro. É meu desejo mostrar a você como o tempo se tornou o principal grampo ou ferramenta que utilizo diariamente para avançar e avançar para o próximo nível da minha vida. Todo mundo tem diferentes áreas ou ferramentas de foco e determinação. Para mim, é hora. Na minha busca por equilíbrio e ordem em minha vida, o que Deus me revelou é que é de extrema importância tornar-se um grande administrador do meu tempo.

Devo deixar você contar um pequeno segredo. Descobri que, ao me tornar um administrador melhor do meu tempo, também estava me tornando um administrador melhor de minhas finanças. Eu sei que esse livro está chegando também, mas por enquanto, vamos continuar conversando, ok?

SUA VIDA NUNCA SERÁ A MESMA

Este livro fará para você, como foi a jornada para mim, para **mudar sua vida**. Percebo que não há problema em se tornar um pioneiro na vida de outras pessoas. O que quero dizer com isso? **Eu passei por isso; então, você não precisa passar também**. Você não precisa gastar ou perder tantos anos tentando descobrir como colocar sua vida em ordem ou nos trilhos. Tenho certeza de que existem muitos recursos que apontam para organizar sua vida e tenho certeza de que eles funcionam. Meu recurso não é o único no planeta Terra. Estou convencido, no entanto, de que, ao clamar a Deus e como Ele me levou a estabelecer um plano, e porque você provavelmente também pediu ajuda, pois foi levado a ler meu livro. **Este livro, embora simples, é seu plano para passar do caos ao objetivo em seis etapas simples.**

Neste livro, compartilharei com você os passos fundamentais que tomei, por que os tomei e os resultados obtidos. Eu digo em curso deste livro, porque agora é o meu novo normal. Ao ler, você será convidado a estabelecer seu próprio plano e a participar de um devoto para encorajá-lo a cada passo do percorido. Venha, vamos viajar juntos no tempo.

CAPÍTULO 1
HORA DA ALIMENTAÇÃO

Não é segredo que eu tenho tanto amor com comidas. Ri muito. Em outras palavras, tive minha parte justa de refeições deliciosas. Eu amo a diversidade e amo comida. Surpresa! No entanto, amar comida e comer muita comida são duas coisas diferentes. Com base no meu dia e no que estava na minha agenda, eu costumava passar um dia inteiro sem comer na maioria das vezes, quando me lembrava que era MUITO tarde no dia. O principal problema está em lembrar de comer tarde demais. É a comida tardia que no passado levou à minha queda. Eu ia para a cama com o estômago cheio e acordava de manhã muito cansada. Eu acordava cansada porque enquanto dormia meu corpo se exercitava, aproveitando a refeição que havia consumido antes de ir para a cama.

Meu outro problema era que eu comia rápido porque estava com muita fome ou comia os alimentos errados. Em outras palavras, eu tinha uma dieta, era apenas uma dieta ruim. Isso estava afetando minha energia e humor. Minha capacidade de me concentrar também estava sendo afetada. Uma coisa após a outra, eu estava ganhando peso e minha energia estava baixa. Para piorar, eu não estava-me exercitando. Nós chegaremos a tempo de nos exercitarmos mais adiante neste livro.

Lembro-me de estar em algum lugar e estava dizendo ao Senhor: "Preciso fazer melhor, mas não sei por onde começar." Queria comer melhor e não tinha tempo para o fazer. Não tive tempo para cozinhar, tempo para ir à loja, tempo para me sentar em um horário. Tempo! É difícil acreditar que muitos estão no mesmo barco e ninguém está tomando as medidas necessárias para mudar. Será que ninguém está gastando tempo ou estão todos estão ocupados, inclusive eu, que quando Deus está falando, não estamos ouvindo? Se a palavra de Deus diz: "Há tempo para tudo debaixo do sol", como diz Eclesiastes 3:1, certo? Então não devemos ter tempo para comer e comer de forma responsável?

Eu ri bastante enquanto escrevia este livro porque estou praticando o que estou pregando, tendo tempo para almoçar, algo com que lutei no passado e agora estou-me sentindo muito bem com isso. Mas é claro que estou comendo pizza de queijo e o que aconteceu? Um dos meus filhos espirituais da igreja entra no meu escritório e me diz: "Ei, você não está comendo comida saudável." Eu quase engasguei. Tentei justificar todos os excelentes nutrientes que estavam na minha pizza de queijo. Mas sem sucesso. Os resultados? Tive dificuldade para terminar a pizza, embora eu fiz, jajaja. Qual é a lição para eu aprender? **Comer responsavelmente, deixar de comer coisas erradas, não comer, para comer algo é um PROCESSO**. O processo para cada pessoa leva tempo e o objetivo logico que vária, mas a constante é essa: você deve decidir seguir com intenção nisto. Para abordar minha alimentação depois de meditar sobre a noção de que eu tinha que fazer melhor e que precisava de Deus para me orientar, criei um plano. Em tudo o que faço, e como você verá neste livro, preciso da mão de Deus para me guiar. Porque você pergunta? Eu tentei demais sozinho e sei que por conta própria, não posso fazê-lo. Eu cometerei muitos erros. Com a mão de Deus me guiando, embora eu possa não ser perfeito no processo, como aquela pizza de queijo, mas com a Sua orientação, serei aperfeiçoado por Ele. Ele me dará forças para voltar aos trilhos e seguir em frente. Uma das minhas filhas espirituais me apresentou Dieta Cetogênica, devo ser sincero, não gostei no começo. Fiquei impressionado com a frequência de comer, o cardápio estranho e os sabores. Fiz isso de acordo, mas não estava em paz. Não durou então. No entanto, agora que estou nesse horário na minha dieta, repensei a dieta cetogênica junto com outras pessoas. Para mim, pode não funcionar para você é melhor quando minhas refeições são preparadas par mim, Pois eu entendo minhas limitações. Eu posso cozinhar uma tempestade, não se deixe enganar. Estou simplesmente trabalhando para maximizar cada segundo do meu dia para ser eficaz nos negócios do reino. Por favor, lembre-se, sou solteira, não tenho dependentes. Minha filha é casada e com sua própria família, então sou apenas eu. Além disso, quem quer que o Senhor traga para minha vida será um chefe de cozinha incrível ou entenderá minha necessidade de refeições preparadas. Quando chegar esse momento, de tempos a cada coisa, é claro, demonstrarei minhas habilidades culinárias na cozinha.

PLANO PARA COMER, COMER PARA PLANEJAR

No meu plano de alimentação, eu escolhi começar com uma Dieta Cetogênica. Ao entender mais sobre esse tipo de dieta e os valores nutricionais de passar de carboidratos e açúcares para quantidades proporcionais, decidi, neste momento, dar a Dieta Cetogênica uma chance justa. Além disso, há um distribuidor local cuja carreira está preparando refeições para pessoas ocupadas. Não é um restaurante; não é fast food nem nada do tipo. As refeições são preparadas para atender à minha nova norma de café da manhã, almoço e jantar, além de lanches no meio. Eu seria responsável por pegar meus lanches na loja (mas isso é algo que posso fazer uma ou duas vezes por mês). Meus lanches podem incluir, mas não estão limitados a nozes, frutas com baixo teor de açúcar ou mesmo um picolé com baixo teor de açúcar e que diz: 'ceto amigável'. Lembrete, não estou comercializando uma Dieta Cetogênica, estou compartilhando meu plano. Falando em plano, abaixo está um dos meus planos, simples, mas totalmente eficazes para mim.

> **Meu objetivo**: Estabelecer um padrão alimentar em que minhas refeições sejam equilibradas e consistentes com o padrão de café da manhã, almoço e jantar. Além disso, meu desejo é perder alguns quilos de maneira saudável.
>
> Planee comer, coma para planear
>
> - Meu consumo diário de todas as refeições será baseado em um plano de Dieta Cetogênica e, ao mesmo tempo, deixará uma porta aberta para outros planos de alimentação saudável.
>
> - Meu último plano de consumo de refeições: pare de comer às 18h.
>
> - Limitações intencionais: açúcares limitados

Este livro se tornará mais real para você ao lê-lo e ao se envolver com o plano neste livro. Minha história é minha e estou compartilhando com você, não porque eu apenas queira que você o leia, mas porque acredito que Deus me revelou esse plano para que possa ter impacto e influência em sua vida. Em cada seção, quando você vir a seção do diário, PARE, reserve um tempo para refletir sobre sua própria vida e a área discutida e preencha a seção do diário conforme ela lhe falar. Afinal, você comprou o livro, está intrigado com o que poderia aprender com ele, certo? Agora, dedique um momento para concluir a primeira seção do diário, considerando uma nova forma para sua vida.

DIÁRIO

A refeição física mais importante é a comida. Levei muito tempo para apreciar a importância de comer com propósito. O que pretendo dizer com isso? Comer com propósito significa para mim que você tira um tempo para comer uma refeição que pode alimentar seu corpo durante a jornada do dia. Tenho a intenção de dizer o dia, porque cada dia exige reabastecimento e isso também me levou tempo para aprender e apreciar. Você não pode dirigir seu carro por longas distâncias sem parar para reabastecer de vez em quando. Quer percebamos ou não, todos os dias de nossas vidas se concentram em dirigir longas horas traduzidas em longas distâncias e muitas vezes não paramos para reabastecer. Bem, adivinhem, ao não parar, aceleramos o inevitável processo de esgotamento. Reserve um tempo intencional para concluir esta seção do diário e as demais seções do diário que virão e você verá com que rapidez sua vida vai mudar para sempre.

MEUS SETE MAIS UM, 7 + 1

O propósito deste exercício é chamar sua atenção para o que você está comendo. Eu odiava no começo, mas no final, foi uma abertura para mim. A única maneira de você ver o que está comendo é prestando atenção e documentando suas refeições. O primeiro exercício consiste em rastrear seu padrão alimentar nos próximos sete dias,

- **Dia 1**

  ○ Hora de comer / lanche

    ▪ Café da manhã _____

    ▪ Lanche _____

    ▪ Almoço _____

    ▪ Lanche _____

    ▪ Jantar _____

    ▪ Lanche _____

  ○ Como você se sente depois de comer?

    ▪ Café da manhã

      □ _____

      _____

      _____

      _____

    ▪ Almoço

      □ _____

      _____

      _____

      _____

    ▪ Jantar

      □ _____

      _____

      _____

      _____

  ○ Hora da sua última refeição

    ▪ 12horas 13 horas 14 horas 15 horas 16 horas 17 horas
      18 horas 19 horas 20 horas 21 horas 22 horas 23 horas

- **Dia 2**

  - Hora de comer / lanche
    - Café da manhã _____
    - Lanche _____
    - Almoço _____
    - Lanche _____
    - Jantar _____
    - Lanche _____

  - Como você se sente depois de comer?
    - Café da manhã
      - _____
        _____
        _____
        _____

    - Almoço
      - _____
        _____
        _____
        _____

    - Jantar
      - _____
        _____
        _____
        _____

  - Hora da sua última refeição
    - 12horas 13 horas 14 horas 15 horas 16 horas 17 horas 18 horas 19 horas 20 horas 21 horas 22 horas 23 horas

- **Dia 3**
  - ◦ Hora de comer / lanche
    - ▪ Café da manhã _____
    - ▪ Lanche _____
    - ▪ Almoço _____
    - ▪ Lanche _____
    - ▪ Jantar _____
    - ▪ Lanche _____
  - ◦ Como você se sente depois de comer?
    - ▪ Café da manhã
      - □ _____
      _____
      _____
      _____
    - ▪ Almoço
      - □ _____
      _____
      _____
      _____
    - ▪ Jantar
      - □ _____
      _____
      _____
      _____
  - ◦ Hora da sua última refeição
    - ▪ 12horas 13 horas 14 horas 15 horas 16 horas 17 horas 18 horas 19 horas 20 horas 21 horas 22 horas 23 horas

- **Dia 4**

  ◦ Hora de comer / lanche

    ▪ Café da manhã _____

    ▪ Lanche _____

    ▪ Almoço _____

    ▪ Lanche _____

    ▪ Jantar _____

    ▪ Lanche _____

  ◦ Como você se sente depois de comer?

    ▪ Café da manhã

      ▫ _____
      _____
      _____
      _____

    ▪ Almoço

      ▫ _____
      _____
      _____
      _____

    ▪ Jantar

      ▫ _____
      _____
      _____
      _____

  ◦ Hora da sua última refeição

    ▪ 12horas 13 horas 14 horas 15 horas 16 horas 17 horas
      18 horas 19 horas 20 horas 21 horas 22 horas 23 horas

- **Dia 5**

  - Hora de comer / lanche
    - Café da manhã _____
    - Lanche _____
    - Almoço _____
    - Lanche _____
    - Jantar _____
    - Lanche _____
  - Como você se sente depois de comer?
    - Café da manhã

      - _____
        _____
        _____
        _____

    - Almoço

      - _____
        _____
        _____
        _____

    - Jantar

      - _____
        _____
        _____
        _____

  - Hora da sua última refeição
    - 12horas 13 horas 14 horas 15 horas 16 horas 17 horas
      18 horas 19 horas 20 horas 21 horas 22 horas 23 horas

- **Dia 6**
  - Hora de comer / lanche
    - Café da manhã _____
    - Lanche _____
    - Almoço _____
    - Lanche _____
    - Jantar _____
    - Lanche _____
  - Como você se sente depois de comer?
    - Café da manhã
      - _____
        _____
        _____
        _____

    - Almoço
      - _____
        _____
        _____
        _____

    - Jantar
      - _____
        _____
        _____
        _____

  - Hora da sua última refeição
    - 12horas 13 horas 14 horas 15 horas 16 horas 17 horas 18 horas 19 horas 20 horas 21 horas 22 horas 23 horas

- **Dia 7**

  - Hora de comer / lanche
    - Café da manhã _____
    - Lanche _____
    - Almoço _____
    - Lanche _____
    - Jantar _____
    - Lanche _____

  - Como você se sente depois de comer?
    - Café da manhã

      - _____
        _____
        _____
        _____

    - Almoço

      - _____
        _____
        _____
        _____

    - Jantar

      - _____
        _____
        _____
        _____

  - Hora da sua última refeição
    - 12horas 13 horas 14 horas 15 horas 16 horas 17 horas
      18 horas 19 horas 20 horas 21 horas 22 horas 23 horas

- **Día 8 – reflexão**

  ○ Será que é esse o padrão alimentar que eu quero ter?

  ■ _____
  _____
  _____
  _____

  ○ Que pequenos ajustes eu preciso fazer para melhorar minha alimentação?

  ■ _____
  _____
  _____
  _____

  ○ Se a alimentação está relacionada à saúde, de quais alimentos devo-me afastar?

  ■ _____
  _____
  _____
  _____

  ○ Complete a seção Meu Deus, Nosso Plano, na Hora da alimentação

CAPITULO 2
TEMPO DE EXERCÍCIOS

Agora que examinamos a alimentação saudável ou planejamos tirar um tempo para comer, precisamos pular para o próximo passo importante para mim, que era recuperar meu corpo.

Isso ia dar um pouco de trabalho. Como sou um ex-atleta, sei e valorizo ter um corpo em forma. Por favor, para todas as pessoas saudáveis por aí, quero dizer abençoada com alguns quilos a mais. Por favor, continue lendo, não desanime ainda.

Se você lesse meu primeiro livro, Exceto o Senhor, saberia que eu era uma garota grande quando na minha infância. Eu era a garota grande que tinha tudo bem embalado, se você entende o que quero dizer. No entanto, eu era grande, grande demais para a minha idade enquanto crescia. Foi preciso atletismo no ensino médio e na faculdade para que eu entendesse a importância de trabalhar e cuidar do meu corpo. Como as crianças dizem: "O que aconteceu foi que eu parei". Fiquei tão empolgado com os cuidados da vida que meu foco foi colocado principalmente no que eu estava fazendo, e não em quem eu estava-me tornando, fisicamente falando.

Quando clamei a Deus por uma mudança na minha vida, eu sabia que malhar tinha que ser uma grande parte dessa jornada. Não vou mentir, não estava ansioso pela dor da partida. Para aqueles que não estão familiarizados com o que quero dizer com isso, há dor associada ao retorno à academia e a uma rotina de exercícios. Essa dor pode durar uma semana ou duas. Muitas pessoas desistem durante esse período porque não aguentam a dor ou pensam que se machucaram quando, na verdade, são apenas seus músculos dizendo: "Olá! Eu senti sua falta.

Eu tentei algo que pode funcionar para você também. Eu literalmente orei e disse ao Senhor: "Dê-me sua graça para fazer isso Senhor e, por favor, me leve à academia para que meus músculos não passem pela dor de recuperação que sempre dura." Você acreditaria, eu já passei várias semanas em uma linha e nada. Sem dor. Sim senhora, sim senhor, sem dor. Experimente, funcionou para mim. Cuidado, eu também não estou indo como uma mulher louca na academia, estou fazendo as coisas que sei que funcionarão para o meu corpo e me ajudarão a alcançar meu objetivo. Em outras palavras, eu me levantei; algo que você pode querer ter em mente.

Antes de ir para a academia, assim como a comida e tudo neste livro, estabeleci uma meta sobre o que queria realizar. Eu chamo isso de plano de exercícios ou saúde fisicamente. Você pode chamá-lo de qualquer nome que funcione para você. Orei ao Senhor por um companheiro de treino.

Não queria procurar um, queria que procurasse por mim. Por que isso foi importante para mim? Eu tive muitos parceiros de treino, mas nenhum para realmente permanecer comprometido. No entanto, se o parceiro de responsabilidade que me procura é um apaixonado, eu sabia que seria uma parceria duradoura com a academia. Deus me enviou uma das minhas filhas espirituais que queria fazer algo como o que eu queria fazer. Eu compartilhei com ela minha visão para ter certeza de que estávamos na mesma página e lá fomos nós.

Meu objetivo do exercício: Estabelecer um padrão de treino que me permita ser fiel ao cronograma e às rotinas de treino. Como ex-atleta, há partes do meu corpo que não respondem bem a certos exercícios, portanto é importante prestar atenção. O exercício complementará minha saúde física e geral.

MEU PLANO DE EXERCÍCIOS PESSOAIS É O SEGUINTE:

Metas de treino:

- **Embora** eu soubesse porque queria-me exercitar, também precisava saber porque queria exercitar.

- **O plano de exercícios consistia em duas áreas principais:**

  - Saúde

    - Ao me aproximar do meu aniversário de meio século, é importante que eu tenha um plano de treino claro que acompanhasse meu estilo de vida agitado.

    - Quando eu prego, eu suo. Eu não suo como a maioria das pessoas; Quero dizer que, quando termino de pregar, estou pingando. O exercício me ajuda a liberar o peso da água acumulada, além de me permitir manter o ritmo em que estou me movendo e para onde Deus está me levando.

- Quando visito o médico, exceto meu peso, ele sempre me encontra saudável. Meu objetivo é permanecer saudável.

- Parte do meu objetivo é também perder peso, para que eu possa permanecer saudável por muitos anos. Eu decidi que queria ser intencional com o meu peso. Essa decisão influenciou o plano alimentar mencionado anteriormente.

○ Ginástica

  - Quando eu era atleta, gostava de estar em boa forma. Gostei do corpo tonificado e da maneira como minhas roupas se encaixavam. Malhar me permite voltar e manter um corpo em forma que também é bom para os olhos.

  - Isso pode não ser importante para você, talvez você já tenha um corpo bonito por fora, mas como é por dentro? O trabalho elimina a aparência externa e interna.

HORA DO DIA PARA EXERCÍCIOS

Da mesma forma que temos uma programação para o trabalho e as coisas que importam em nossas respectivas vidas, é importante também ter uma programação para o nosso exercício.

Da mesma forma que estabelecemos um plano para comer bem, juntamente com o tempo que vamos comer, queremos estabelecer um tempo para malhar. Queremos tê-lo em nossos telefones, agendado com um alarme que lembrará que você tem um compromisso especial com você. A programação nem sempre fica em primeiro lugar. Mantenha-o no seu calendário. Mantenha-o tocando no horário definido. Chegará a um ponto em que o zumbido do calendário ou a culpa de você saber que ainda não se foi / você não está cuidando do seu corpo que o levará e fará com que você afoga-se.

Seu corpo é muito importante. O exercício é uma das maneiras pelas quais você o mantém totalmente operacional.

Se você é uma pessoa da manhã, defina seu alarme para acordar mais cedo e vá para o espaço de treino designado. O mesmo acontece se você trabalha melhor no meio da tarde ou à noite. Encontre a programação que funciona melhor para VOCÊ e faça-a. **A programação de mais ninguém funcionará para você se não se encaixar no seu paradigma.**

O QUE FUNCIONA MELHOR PARA VOCÊ?

___ De Manhã ___ Meio-dia ___ Noite

Academia ou espaço para treino

Como ex-atleta, eu sei o tipo de academia que funcionará melhor para mim. Eu era um arremessador de peso e arremessador de discos. Eu levantei pesos "reais". Naquela época, um bom treino consistia em agachamento, agarra-se, puxa e pressiona, bancada, inclinação e qualquer coisa que seja um haltere. Para muitos, isso pode não ressoar, mas para outros, e eles entendem por que eu gosto desses exercícios.

O que é importante tirar disso é que eu usei os tipos de pesos e fiz o tipo de levantamento que realmente construiu músculos e me deu a corrida na academia; me fazendo sentir como se tivesse feito algo quando saí da academia. Não estou mais lá, não preciso mais desse tipo de treino, **mas Eu gosto da atmosfera; onde estou em torno de homens e mulheres que vão lá para fazer o trabalho, para não olharem e se olharem no espelho o tempo todo.** Encontrei a academia perfeita para mim, onde as pessoas vão malhar e estou empolgado com isso.

Encontre uma academia ou espaço de treino em que esteja animado e determine o tempo que melhor combina com você e sua vida.

Lembre-se, as academias têm uma cultura, há tempos lentos e horários de pico. Não gosto de multidões e sou uma pessoa matinal que funciona bem. A maioria das pessoas ainda está dormindo quando estou malhando.

Depois de determinar seu tempo, sua próxima etapa é estabelecer os dias da semana em que você participará. Três dias por semana é suficiente. Trato-o como um trabalho, de segunda a sexta e nos fins-de-semana. Cinco dias por semana não é para todos, então, mais uma vez, faça o que funciona para **VOCÊ**.

O que é de extrema importância é estabelecer um tempo dedicado à sua saúde / bem-estar. Meu horário de treino é das 4:30 às 6:00 de segunda a sexta-feira. Há semanas em que posso negociar um dia durante a semana para um treino de sábado de manhã.

Como você é o seu chefe e seu tempo depende de sua administração, você não deve ter problemas em propor um horário / horário de treino que possa cumprir.

Agora que você viu meu plano pessoal, qual é o seu?

Reserve um tempo intencional (ou seja, não permita que distrações como seu telefone, mídia social, TV ou qualquer outra interrupção interfiram) para completar este registro no diário e os demais registros que virão, e você verá a rapidez com que a sua vida se transforma. para o bem.

DIÁRIO

Uma das coisas mais difíceis de fazer é estabelecer um plano de treino pessoal. Existem muitos planos por aí e todos eles têm benefícios surpreendentes. Não quero lhe dizer qual plano de treino escolher. No entanto, quero que você ore e pesquise o que funciona para VOCÊ.

Você conhece o seu nível de energia. Você conhece seus objetivos e o que deseja alcançar. Você conhece suas limitações. Alguns (se não todos) podem precisar consultar seu médico para revisar e finalizar seu plano. O que é mais importante? Eu quero que você comece em algum lugar. Comece com você. Nesta seção de definição de objetivos, lance sua visão pessoal para o que deseja realizar e por quê.

Metas Para O treino:

- • Seu plano de treino deve consistir em duas áreas de foco. Estabeleça metas de longo e curto prazo. Seus objetivos devem ter um propósito, também, tenha em mente o que você pode fazer em um curto período de tempo e depois por um longo período de tempo.

  ◦ Saúde

    ▪ _____
    _____
    _____
    _____
    _____
    _____
    _____

○ Ginástica

■ _____
_____
_____
_____
_____
_____
_____

Hora do dia para o exercício - determine a hora do dia que melhor funciona para você. Você trabalha cedo ou tarde? Você tem mais energia de manhã ou à noite?

___ De Manhã ___ Meio-dia ___ Noite

Ginásio ou espaço para treino

Qual é o espaço ideal para você? Pesquise na sua comunidade local e veja o que existe e o custo associado a cada opção. Você pode apenas andar pela manhã sem custo associado. Você pode precisar de mais responsabilidade para que as academias com aulas possam ser melhores. Além disso, você pode precisar e, se puder, pagar um personal trainer que estará esperando por você todos os dias para ir à academia ou à academia. O que funciona para você?

___ Academia grande

___ Academia pequena

___ Academia mista

___ Academia somente para mulheres

___ Piscina

___ Sem piscina

___ Outra _____

Antes de seguir em frente, este será o momento perfeito (depois de refletir, é claro) em que você vá para a seção Meu Deus, Nosso Plano, sobre Tempo de Exercício e estabelecerá um plano firme em que se manterá. Se você ainda está pensando no que fazer, altere quantas vezes precisar nesta seção do diário até ter paz. Lembre-se, o Meu Deus, nosso plano é um acordo que você faz entre você e Deus. Portanto, faça um diário até estar pronto para confirmar.

CAPÍTULO 3
HORA DO DESCANSO - SAÚDE MENTAL

Para evitar parecer hipócrita, deixe-me começar este capítulo confessando algumas coisas. Primeiro, o descanso não é meu amigo. Eu cresci com uma mentalidade e dentro de um regime que dizia: "Ficar na cama depois que o sol nasceu não era bom." Eu cresci em um regime que, especialmente como menina / mulher, havia muito o que fazer ao redor do corpo. Casa para descansar. Precisávamos nos levantar e participar das tarefas que nos foram designadas, como limpeza, lavandaria, culinária ou qualquer outra coisa que fosse tarefa.

Nós superamos essa mentalidade à medida que envelhecemos, é claro. Nós, meus irmãos e eu, entendemos como amadurecemos a melhor versão de nós e começamos a tomar decisões por nossas vidas que estavam mais alinhadas com nossa visão para nós mesmos. Você acreditaria que, tanto quanto fugimos cedo, a necessidade de fazer coisas em casa, os valores foram tão inculcados em nós que a noção de dormir e se recuperar é como cometer um pecado fundamental. Ri muito. Então, sim, o resto NÃO é meu amigo.

Segundo, há muito tempo que eu entendo mal o que é realmente descansar. Dormir por inúmeras horas para compensar todo o trabalho duro? O que é isso? O livro de Gênesis diz que "Deus descansou no sétimo dia". Por tanto tempo, na minha juventude, confundi descanso com sono. Quanto mais eu crescia no ministério, mais eu aconselhava os outros, mais Deus revelou o significado do que Ele fez no sétimo dia. Veja bem, a Bíblia não diz que Deus dormiu. Diz que Ele descansou de Seu trabalho. Tão lenta mas seguramente, compreendi o significado. O trabalho foi feito, não havia mais nada a acrescentar ou levar. Tudo eterno que poderia ser criado foi criado em seis dias. Agora ele podia parar de fazer, parar de falar, parar de criar ou recriar. Eternidade futura e eternidade presente reunidas e alinhadas.

Para mim, tornou-se simples, não devo tentar fazer tudo em um único dia. Deus não criou a terra em um dia. Ele levou seis dias e depois disso, ele descansou. Minha lição: "Preciso saber quando o que fiz nesse período de tempo ou dia será suficiente. Para fechar o livro, termine a reunião, desligue a TV e apenas relaxe. Posso não dormir, mas desligar tudo ou me separar do peso do que faço provocará um reavivamento em meu ser."

Descanso não é dormir! Você pode dormir enquanto está descansando, mas não necessariamente descansa porque dorme. Dito isto, agora estou dando tempo para parar o que estou fazendo e beber uma xícara de chá longe da minha mesa. Estou parando para cheirar as rosas da vida.

Pode incluir uma visita ao meu outro escritório, quem me conhece sabe onde fica, Starbucks. Lá posso sentar, observar as pessoas, ler um livro desconectado de qualquer coisa que esteja **fazendo.**

Meu tempo de descanso pode incluir sentar-se sozinho na sorveteria local e ter um cone macio enquanto os carros passam. Ou simplesmente, sentado na minha sala com ou sem a TV ligada, deixando de lado tudo o que está empilhado na minha cabeça. Não sei o que funciona para você, mas deve haver algo que você faça que relaxe seu corpo.

Minha equipe, minha família e todos os que me conhecem me pregaram ao longo dos anos: "Pastor, você precisa descansar." Tornou-se um disco quebrado. Recentemente, descobri que não estava descansando porque simplesmente não sabia como fazê-lo e não me sentia culpado por deixar algo ir ou desfazer. O plano de descanso neste programa se tornou MUITO importante para mim. Estamos falando de uma mudança de estilo de vida. Uma mudança que impactou todas as outras áreas deste plano e minha vida em geral. Achei muito importante olhar para o meu dia. Como é o meu dia normal? Estou dando tempo para descansar? Sei que as pessoas arranjam tempo para cuidar de si mesmas, mas o descanso não está incluído. O descanso é autocuidado, mais importante do que algumas das outras coisas com as quais tendemos a nos comprometer. Eu não vi isso antes, mas quando meu aniversário de meio século se aproxima, vejo o valor de descansar cada vez mais.

> **Objetivo:** Estabelecer um cronograma em que a prioridade seja agregada a mim. Crie tempo adequado para o auto-cuidado e o descanso.

Na minha média de dias antes do meu plano

Tenho um alarme na cabeça que dispara automaticamente a partir das 2 da manhã, às vezes mais cedo, às vezes mais tarde. Uma vez alerta, eu rezava, ficava na cama ou em raras ocasiões levantava e sentava na sala de estar. O desafio desse alarme é que, uma vez que eu estivesse alerta, seria difícil voltar a dormir. Nas ocasiões em que o fiz, eu estaria mais exausta do que se me levantasse naquele momento.

Depois de sair da cama, minha agenda média seria a seguinte:

- **Às 6h** - Preparação pessoal (banho, vestimenta, ida ao prédio da igreja)

- **7:30 - 21:30** - Leitura, trabalhar no plano do dia, ore, reunião, comer, prepare-se para compromissos à noite (que variam de dia para dia)

- **21h30** - Volto para casa, cama às 11 ou meia-noite (a essa hora, meu corpo estava doendo, dificultando o sono)

Meu dia com o plano

O plano mudou radicalmente minha vida. Como você pode ver, meus dias foram longos, desorganizados e exibiram pouco autocuidado. Eu estava literalmente me matando com boas intenções. **Você sabe que suas boas intenções não mudarão sua realidade se você não cuidar de você?**

Agora que tenho esse cronograma, coloquei as coisas em suas categorias apropriadas e decidi que não há problema em parar quando faço e deixar tudo nas mãos de Deus. Veja a minha nova agenda abaixo e me diga o que acha.

MEU HORÁRIO

3:30 da manhã	Levante-se
4h15	Sair para a academia
04:30 - 06:00	Treino (Plano de Exercício - Saúde Física)
6h-7h15	Prepare o dia e vá ao escritório (isso inclui, mas não se limita a tomar banho, vestir-se, ler um pouco e tomar uma xícara de chá.)
7:30 - 10:30	Plano de Estudo - Saúde Espiritual (falaremos sobre isso mais tarde)
10: 30-3: 45 horas	Reuniões
15: 45-5: 45 horas	Tempo pessoal (descanse mentalmente: plano de saúde: é pessoal, posso descansar, cuidar de mim ou jantar com minha família. O importante aqui é que desta vez é a minha hora)
17:45 - 19:00	Preparação para as 19:00 Sessão de ensino Desta vez, é flexível para mim, não apenas preparar o ensino, mas também com base na necessidade, ser flexível para agendar reuniões. Desta vez é controlado pela minha disponibilidade para ensinar. O seu pode ser diferente ou ter outras necessidades. Certifique-se de cuidar do que você precisa.
19h - 21h	Classe ou grupo de estudo (nos dias em que não tenho uma classe ou grupo, vou para casa para passar um tempo de qualidade com minha família e / ou amigos)
21h às 22h	Transição para casa (Plano de Saúde Mental em Repouso: posso passar um tempo com minha família durante meu tempo pessoal acima ou durante esse período antes de ir dormir).

DESAFIOS

Como você sabe, nenhum plano é perfeito. Sempre haverá baloiçamentos na estrada. O desafio é: o que você faz quando tem um baloiçamento na estrada?

Noutro dia foi um exemplo perfeito. Eu tinha um plano perfeito para o dia. Levantei-me dentro do cronograma para começar o dia conforme planejado. Depois do treino, fui para a Starbucks para tomar chá e avançar em algumas leituras muito necessárias. Meu plano foi interrompido e achei que tinha uma ótima idéia de voltar aos trilhos. Eu não Uma coisa após a outra atrapalhou. Entrei no escritório duas horas depois do normal. Tive vontade de conversar com quem estava no escritório, e foi o que fiz. Tentei fazer algumas coisas, mas a verdade é que estava perdido. Eu estava em todo lugar, mas focado no plano em questão. Tentei orar e isso também não estava funcionando. Até me vi sentado no escritório dizendo: "Isso não pode continuar, devo voltar aos trilhos".

Quero salientar duas coisas: a primeira coisa que o plano funciona quando se adere a ele. **Agora, eu estava mais consciente do que antes dessa estrutura me mantém responsável e, quando estou fora dos trilhos, isso me lembra: "Estou fora dos trilhos".**

Em segundo lugar, porque estava fora dos trilhos, estava realizando menos agora que tinha um dia organizado que quando estava no meu antigo horário - quando não tinha um plano definitivo. Com minha nova estrutura, minhas listas de tarefas são mais longas, mas eu me forcei a trabalhar dentro dos limites da minha restrição de tempo, sabendo que amanhã é outro dia. Como eu fiz tudo isso antes, quando não tinha estrutura, nunca vou saber.

Então, você terá desafios, terá dias reais como eu fiz no outro dia, mas o que você faz com os desafios determina a eficácia do seu próximo passo adiante. Tempo não planejado é perda de tempo.

Minha mensagem para você é simples, este não é um plano fixo. Este não é um plano de corte de biscoitos. Este é um plano que o guiará, e não o controlará, para estabelecer um padrão adequado para sua vida pessoal e pública. Como tive desafios com um plano completo,

você também. No entanto, pelo menos posso dizer, tenho um plano. Se eu não planejar, planejo falhar. E quanto a você?

DIÁRIO

Sua vida pode ser mais ocupada que a minha, ou não. Você pode não achar que esta seção ressoe com você. Ou você pode estar dizendo: "Esse sou eu, essa é a minha vida. Me ajude! "A única coisa que estou pedindo para você fazer uma pausa e reservar um tempo para revisar e analisar sua agenda lotada abaixo. Conecte sua vida e determine a relevância ou não deste exercício em sua vida depois de concluído. Você chegou até aqui na leitura, por que não continuar? Tempo para auto-ajuda é tão importante quanto tempo para Deus. Vamos fazer isso!

MEU HORÁRIO

Os horários que incluo aqui são minhas horas, na linha, anote suas horas, se diferentes, e indique sua atividade ao lado. Observe na minha agenda acima que incluí meu foco, que é útil para que eu possa ver no papel ou no telefone que estou abordando os principais grupos de acordo com meu plano, ou seja, saúde física, saúde mental etc.

3h:30 _____

4h:15 _____

4h:30-6h _____

6 -7h:15 _____

7h:30- 10h:30 _____

10h: 30-3h: 45 _____

3h: 45-5h: 45 _____

5h:45 – 7h _____

7h- 9h _____

9h-10h _____

Antes de seguir em frente, esse seria o momento perfeito para refletir, pois você vai para a seção Meu Deus, Nosso Plano, sobre Hora de Descansar e estabelece um plano firme no qual você se aterá.

Seu plano não será perfeito na primeira entrada do diário. Isso foi e às vezes é uma luta para mim por causa de como eu estava conectado, mas continuo seguindo em frente. Sinta-se à vontade para alterar esta seção do diário quantas vezes precisar até que você tenha paz. Lembre-se, o Meu Deus, nosso plano é um acordo que você faz entre você e Deus. Portanto, faça um diário até estar pronto para confirmar. Lembre-se, compromisso não significa perfeição. Significa simplesmente que você está no caminho de uma vida melhor e mais equilibrada e está ciente de que precisa de responsabilidade para chegar lá.

CAPÍTULO 4
TEMPO PARA ESTUDO - SAÚDE ESPIRITUAL

Os próximos três capítulos abordam a área da sua vida e a minha que nem todo mundo quer discutir. Para quem o faz, há mal-entendidos ou revelações sobre o que define a espiritualidade. O objetivo e a intenção deste capítulo não é definir ou discutir o que é espiritualidade, mas compartilhar com indivíduos como você e eu o valor de separar o tempo para estudar a palavra ou Deus.

É importante notar que há bênçãos a colher quando o tempo é dedicado ao crescimento na Palavra. Eu descobri que quanto mais cresço na palavra de Deus, mais cresço na Sua graça. Isso não me deixa perfeito, mas estou mais consciente do meu papel no reino de Deus.

Eu posso estar falando com uma mãe que fica em casa, CEO, banqueiro, pai solteiro, ministro do evangelho de Jesus Cristo, a lista continua. Cada indivíduo tem informações que pode acessar na Amazon, na livraria local, na Internet ou em um pequeno grupo que os ajudará a se tornarem os melhores que podem se tornar. O objetivo aqui é dizer, fazer uma pausa por um momento e descobrir o que o ajudará a crescer intelectualmente e espiritualmente ao mesmo tempo.

Eu costumava dizer: "No dia em que paro de aprender, paro de crescer." Quando estava no ensino secular, praticava continuamente o ambiente de aprendizado em que estava. Estudei, participei de conferências e workshops. Eu procurei maneiras de crescer. Acho que o que estou dizendo para você e me lembrando é: "O tempo que levo para me preparar não deve mudar, porque agora estou em um lugar diferente na minha vida".

Como pastor, todos os dias são preenchidos com algumas e, às vezes, com as seguintes tarefas:

- Orando

- Aconselhamento

- Tutoria

- Estudando a Palavra

- Fundição ou manutenção da visão

- Reuniões planejadas e não planejadas

- Visitando os enfermos 33

- Considerar as finanças da igreja e como aumentar o ministério

- Desenvolver maneiras de aumentar a liderança

- Escrever

- Ler

- Etc.

Sinceramente, não há um dia em que estou no edifício da igreja, nem há uma hora em que eu possa dizer: "Não posso ministrar". No entanto, esse plano me ajudou a ver as coisas com mais clareza. Meu tempo agora está solto / apertado. O que quero dizer com isso? Tenho um plano de como quero distribuir meu tempo, no entanto, deixo espaço para emergências que DEVEM ser abordadas por mim. Houve uma época na minha vida em que senti que precisava estar em toda parte para me tornar um ministro eficaz do Evangelho. Errado! Como eu estava no estágio inicial de avaliar o tempo, estava fazendo o que acreditava ser o melhor, orientando e desenvolvendo líderes para delegar responsabilidades ministeriais.

A idéia é que, quando efetivamente realizada, eu seria capaz de passar mais tempo na Palavra, portanto, mais capaz de servir a congregação e todos os outros ministérios enviados para que eu apoiasse.

No meu plano, separei o tempo para estudar a Palavra. Reservei-me literalmente com compromissos com Deus. Lembro-me bem, entrei no escritório e disse a todos: "A partir de hoje, das 7h30 às 10h30, estou no prédio, mas não estou aqui".

Não queria interrupções até voltar do meu escritório. O plano foi estabelecido, eu entrava no prédio da igreja, colocava minhas coisas no chão, seguia para o tabernáculo - um lugar que separamos dentro da igreja para orar - cheguei ao ponto de o administrador fazer um sinal de que seria Coloque a porta do tabernáculo indicando às pessoas quando estava em uso e quando estava disponível. Por que estou lhe dando tantos detalhes? **Isso é importante! Quando você agenda reuniões para o seu trabalho, elas são de grande importância, correto? O tempo com Deus também é de grande importância. Eu não vi isso antes, mas vejo agora.**

Não dou mais a Deus meu tempo restante porque lembrei ou encontrei algum tempo livre em minha agenda. Cheguei a agradecer ao Espírito Santo por me esperar chegar.

Terminado o tempo do meu tabernáculo, passei um tempo na Palavra, estudando a Bíblia ou estudos relacionados que me ajudariam a crescer mais no ministério.

Esta é a melhor e ainda uma das partes mais desafiadoras do cronograma. Como acredito e aqueles que são crentes entendem, no momento em que você se propõe a Estudar a palavra de Deus é o momento em que você se distrai com coisas mais "importantes".

Mencionei uma das partes mais desafiadoras do cronograma, porque o próximo capítulo aborda o que eu acredito ser a parte mais desafiadora de todo o plano. Vou explicar por que quando chegamos lá.

DIÁRIO

Às vezes, é difícil interromper nossos horários ocupados para realmente considerar a hora de estudar, especialmente se o seu horário está exigindo sua atenção total. Como você pode tirar mais um minuto do seu dia para sentar em sua mesa, na Starbucks como eu, ou em uma biblioteca para estudar? Seu estudo não precisa ser a Palavra de Deus, ele simplesmente precisa ser uma informação que servirá como guardião do que você já conhece e adicionar camadas de informações atuais relevantes para o seu campo.

Reserve um momento, estabeleça uma meta na hora de estudar. Por que isso é importante? Se não for importante, tudo bem, esta seção pode não ser para você. No entanto, encorajo você: "Não bata até que você tente".

Metas:

_____

_____

_____

_____

Que hora do dia é melhor para você reservar isso?

__ De manhã   __ No fim da manhã   __ Meio-dia   __ Tarde
__ No fim da Tarde

Quanto tempo você pode alocar responsavelmente para um estudo dedicado?

__ 30 min   __ 1 hora   __ 2 horas   __ 3 horas   __ Outros

Quais são seus medos em alocar tempo para estudar? (Seja transparente consigo mesmo, isso é tudo sobre você, lembra?)

_____

_____

_____

_____

_____

_____

É uma necessidade para você nesta estação da sua vida?

__ Sim   __ não   __ Não tenho Certeza

Antes de seguir em frente, este seria o momento perfeito para refletir, depois que você for para a *seção Meu Deus, Nosso Plano, no Tempo para Estudar* e estabelecer um plano firme no qual você se aterá (ou pelo menos tentará). Lembre-se de que você planeja não ser prefeito no primeiro lançamento no diário.

Você pode não perceber a necessidade de estudar. Você pode estar pensando que já tem muito em seu prato para adicionar tempo para estudar. Sua percepção do estudo pode ser que você está voltando para a escola, pelo que não é assim. Estudar é simplesmente o que você está fazendo para estimular o pensamento de Auto crescimento, crescimento ministerial, crescimento profissional ou algo semelhante.

Acredito firmemente que, enquanto você respira, tem espaço para crescer. Vá em frente, tente. Você pode precisar apenas de 30 minutos por dia, se for você, serão 30 minutos. Como sempre, sinta-se à vontade para alterar esta seção do diário quantas vezes precisar até que você tenha paz. Lembre-se, o Meu Deus, nosso plano é um acordo que você faz entre você e Deus. Portanto, faça um diário até estar pronto para confirmar.

Não se esqueça, compromisso não significa perfeição. Significa simplesmente que você está no caminho de uma vida melhor e mais equilibrada e está ciente de que precisa de responsabilidade para chegar lá.

CAPÍTULO 5
HORA DA ORAÇÃO - SAÚDE ESPIRITUAL

No capítulo quatro, compartilhei que dedicar tempo para estudar é uma das partes mais difíceis deste plano. Eu disse que uma das mais difíceis, porque para mim, a parte mais difícil é realmente este capítulo, esculpindo **tempo de qualidade para a oração. Sim, isso mesmo, tempo para a oração é algo necessário se planejamos convidar o Espírito Santo para nossas vidas e nos guiar durante o dia.** Algumas pessoas oram aos domingos e esperam que isso dure até o domingo seguinte. Dolorosamente, essa é a mesma mentalidade que muitos têm em relação ao estudo da Palavra.

Você tem um carro? Considere não colocar gasolina nele e percorrer longas distâncias a semana inteira sem parar no posto de gasolina. Como você planeja chegar aos seus compromissos / destino na próxima semana? Você não seria capaz! Criar tempo para orar é como colocar gasolina no tanque do carro. É um combustível espiritual que você precisa **TODOS OS DIAS** para continuar.

Por que a hora de orar tanto se é necessário combustível? Estou tão feliz que você perguntou. Para mim, como crente e, mais ainda, como pastor, sirvo muitas pessoas local e internacionalmente. Quando você serve ao corpo de Cristo, ele pode se esgotar. Todo mundo que encontra você está fazendo uma transação, algo que está dentro de você está saindo para fortalecê-los.

Quando a mulher com a questão do sangue tocou em Jesus, ele nem a viu, mas fez a pergunta: "Quem me tocou?" Então, continuou dizendo que a virtude havia deixado seu corpo. A força havia deixado seu corpo. A unção havia deixado Seu corpo. Houve uma transação que ocorreu sem a permissão dele.

Quando você ora, também é uma transação. Ao contrário das transações humanas, nas quais a maior parte do tempo está demorando e não dando. Quando um crente vai diante de Deus, deve ser com uma atitude de primeira doação, rendendo-se como uma oferta diante dele,

como o apóstolo Paulo diz: "Santo e agradável a Deus, que é o nosso serviço razoável." (Romanos 12: 2 KJV) Quando chegamos como uma oferta, saímos renovados, revividos e restaurados em força para nos engajarmos nas demandas daquele dia.

DEVEMOS abraçar a mentalidade: "O amanhã não está garantido, o dia de ontem acabou e tudo o que temos disponível é hoje." Nossa oração, a oração do Senhor, é: "Nos dê hoje nossa

pão de todos os dias". O pão em que nos deleitamos, a palavra de Deus e a oração nos levam através do "hoje".

Nunca foi intenção de Deus confiarmos na oração de domingo; não pode durar a semana inteira, quando o inimigo está vagando diariamente à nossa volta, procurando destruir todos em seu caminho. **A oração diária nos dá a chance de entrar no ginásio de Deus, ter o Espírito Santo como nosso treinador e treinador; desenvolver músculos espirituais e estratégias para combater as artimanhas do inimigo.**

Eu nunca vi alguém entrar em um ringue de boxe para se envolver em uma luta de boxe sem antes passar pelo processo de preparação ...

> **Meu objetivo:** decidi mudar a maneira como abordo a oração para estabelecer um cronograma definido de quando orar com o entendimento de que isso é muito flexível. Deixe-me explicar. Estou constantemente orando em meu espírito. Se alguém pede oração ou se o Senhor coloca alguém em meu espírito, eu oro por eles. Meu problema não é a oração, meu problema é o tempo intencional com Deus em oração que não será tocado ou interrompido

Minha agenda de oração: achei importante estabelecer horários em que eu seria capaz de ser responsável/responsável perante e a favor.

- 3:00 - 04:00

- 7:30

- Noite antes de dormir

Decidi que os tempos acima são perfeitos, mas o mais importante é que posso fechar o mundo e me retirar com o Senhor. Isso não é fácil, mas é necessário.

Agora você pode estar lendo isso e dizendo para si mesmo: "Se ela é pastor, por que isso é tão difícil para ela?" Por que é difícil passar um tempo em oração? Por que é difícil gastar tempo na Palavra? Pode haver mais perguntas, entendi. Adivinha o quê, no momento em que entendi que não sou um robô e não posso corresponder às expectativas de uma sociedade religiosa, mas sim à intimidade que ansiava por Deus, conhecia essa jornada que era privada e agora pública ressoaria no coração de muitos Mais.

Aprendi que o tempo não espera por ninguém, devo ir atrás e torná-lo meu. Desde que comecei esse cronograma, fiquei emocionado quando sinto falta ou posso perder meus compromissos de oração com o Espírito Santo. No começo, pensei que isso era trivial e então percebi que Deus estava me esperando o tempo todo.

Meu mundo inteiro mudou desde que tenho cumprido meus compromissos de oração. Minha intimidade com Deus cresceu tanto que as palavras não podem explicar. Agora estou vendo o movimento de Deus em minha vida mais do que nunca.

Isso é muito importante porque Deus me usa, e muitos foram abençoados pela unção que está na minha vida, mas agora o manto de Deus sobre a minha vida mudou para maior. Esse plano funciona!

Se você está dizendo: "Não sei por onde começar".

Como pastor, não posso começar a contar com que frequência encontro pessoas que fogem da oração porque não podem orar como a próxima pessoa. Eles ficam desanimados e até desistem porque consideram que a capacidade da pessoa de orar está no mesmo nível de sua vida espiritual. Isso está tão longe da verdade.

A oração não deve ser quantificada nem qualificada pela próxima pessoa, mas pelo seu relacionamento pessoal e íntimo com Deus. Lembre-se, você não está executando a corrida de alguém, você está executando a sua própria corrida.

Quando os discípulos pediram a Jesus que os ensinasse a orar, Ele não lhes disse: "Aqui, ore como eu." Ele lhes deu uma fórmula para começar, em Mateus 6: 9-13.

9 Portanto, ore assim:
Pai-nosso que estas nos céus,
santificado seja o seu nome.
10 Venha o seu reino.
Seja feita a tua vontade Na terra como no céu.
11 Dá-nos hoje o nosso pão diário.
12 E perdoa-nos as nossas dívidas,
assim como perdoamos os nossos devedores.
E não nos leve à tentação, mas livra-nos do mal.
Pois o teu é o reino,
o poder e a glória para sempre. Amém.

Hoje, existem muito poucas pessoas que não aprenderam ou foram expostas a esta oração. Então, como você começa? Você começa com a oração acima e cresce a partir daí.

COMO EU CRESÇO A PARTIR DAÍ?

- Orem a Deus como se Ele fosse seu pai, amigo, companheiro

  - Não o faça abstrato e assustador, **Ele NÃO é**

  - Os pais pretendem cuidar das necessidades de seus filhos. Eu sei que existem pessoas que tiveram experiências ruins, se não horríveis, com seus pais terrenos. Sinto muito por isso. Eu rezo para que eu possa tirar sua dor. Mas, infelizmente, não posso. Mas esse pai pode. Então, fale com Ele como o pai que você gostaria de ter.

- Lembre-se de que quando você ora, não está trazendo algo novo para Ele. Ele não é como seu pai na Terra, é seu Pai Celestial (todo poderoso e conhecedor).

  - Ele é santo

  - o Ele sabe tudo

  - ele é constante e consistente

  - Ore a ele com gratidão, ei, você está vivo e lendo isso, é por isso que você é grato. Você chegou a mais um dia

- Convide-o a estar presente em sua vida

- Isso significa o seu plano

- Isso significa a sua família

- Isso significa a sua saúde

- Isso significa o seu trabalho

- Isso significa TUDO que você

- Agradeça por ser seu provedor

  - Deus é Jeová Jireh, o que significa que ele é seu provedor.

  - O Você pode dizer, o que ele me forneceu? Bem, vamos considerar o tempo que você precisava:

    - Alimentos

    - Finanças

    - Abrigo

    - Relacionamento

    - Um ombro para chorar

    - Uma palavra de encorajamento

    - Etc.

  - Você sabia que Deus tem uma maneira de responder às suas necessidades quando você menos espera? Você pode ver isso como sorte, eu chamo de provisão

- Peça a Ele graça para perdoar e deixar ir

  - Sim, isso está correto

  - Se você está pedindo a Deus para perdoá-lo, esteja pronto para também perdoar os outros

- perdão não é: "eu perdoo, mas ..." já ouviu isso ou disse isso?

  - Perdoar é perdoar e deixar ir

  - Não estou falando em responsabilizar as pessoas, isso ainda é necessário, mas aprendi que você pode responsabilizar as pessoas apaixonadamente.

Em resumo, reservar um tempo para orar é a coisa mais edificante e gratificante que você pode fazer por si e pelas pessoas ao seu redor.

LANÇAMENTO NO DIÁRIO

Qual é o seu objetivo de oração? Você tem um? Vamos admitir, isso não é uma prioridade para todos, especialmente se você não tem fome de intimidade com Deus. Se for, vamos falar sobre isso. Caso contrário, vamos falar sobre isso. De qualquer forma, esta anotação no diário esclarecerá o quanto você valoriza a oração e seu papel no seu plano de avançar.

Meu objetivo: Como é sua vida diária de oração?

_____

_____

_____

_____

A que hora do dia você faz uma pausa para orar? Onde você está quando você faz?

- _____

- _____

- _____

Se você estiver com dificuldades para começar, considere as etapas acima.

Tome quantos momentos intencionais você precisar preencher as seções a seguir na forma de uma oração. Isso mesmo, escreva seus pontos de oração. Pratique até ter um ritmo ou um ritmo de buscar a Deus através da oração.

Você notará que deixará de pedir a Deus que faça coisas por você quando precisar dele e passará a uma vida de oração de gratidão. Eu descobri que quanto mais agradeço a Ele, mais abençoado sou.

- Ore a Deus como se Ele fosse seu pai, amigo, companheiro

  - Pai celestial, Deus Pai, Pai, Senhor ...Você escolhe o que o chamará:

    _____

    _____

    _____

    _____

- Lembre-se de que quando você ora, não está trazendo algo novo para ele. Ele Não é como seu pai na terra, mas no céu

  - _____

    _____

    _____

    _____

    _____

    _____

- Convide-o a estar presente em sua vida

  - _____

    _____

    _____

    _____

    _____

    _____

- Agradeça por ser seu provedor

  - _____

    _____

    _____

    _____

    _____

    _____

- Peça a Ele que a graça perdoe e deixe ir

  - _____

    _____

    _____

    _____

    _____

    _____

Antes de seguir em frente, esse seria o momento perfeito, depois de refletir que você vai para *a seção Meu Deus, Nosso Plano, sobre Tempo para Orar* e estabelece um plano firme no qual você se aterá.

Quero salientar duas coisas: a primeira coisa que o plano funciona quando se adere a ele. Você pode não perceber a necessidade de orar, ou isso pode ser esmagador no começo. Sua percepção de orar pode estar marcada por causa de experiências anteriores e tudo bem.

Lembre-se de que a história de uma pessoa não precisa ser traduzida para a sua. Você pode perceber ou admitir que realmente não deu a Deus uma chance real de trabalhar em sua vida. Também é possível que você tenha ficado preso na religião e agora queira um relacionamento real. Você notará que a Oração do Senhor é sobre relacionamento com o Pai. Não tente orar por horas, apenas comece, Deus fará o resto.

Como nas outras entradas do diário, altere esta seção do diário quantas vezes for necessário até ter paz.

Lembre-se, o Meu Deus, nosso plano é um acordo que você faz entre você e Deus. Portanto, faça um diário até estar pronto para confirmar.

Não se esqueça, compromisso não significa perfeição, não há oração perfeita, apenas um coração sincero.

CAPÍTULO 6
HORA DO TRABALHO - SAÚDE ECONÔMICA

Esta seção pode ser um pouco perturbadora para alguns, porque estou literalmente separando o tempo que dedicarei exclusivamente ao que chamo de "trabalho". O que quero esclarecer é o seguinte, em minha linha de trabalho, tudo o que faço está relacionado a essas poucas horas. A diferença é que agora essas horas são um tempo sagrado, se alguém telefonar para me encontrar, a menos que seja uma emergência, posso tê-las programadas para entrar. Ajuda porque posso anunciar publicamente a todos, minhas horas de reunião e pessoas pode entrar no escritório e provavelmente me encontrará disponível para conhecer. Agora Deus é um Deus de ordem, o ideal é que as pessoas liguem e marquem uma entrevista, no entanto, sabemos que sempre existe essa ...

Quando eu estava montando o manual Meu Deus, Nosso Plano, eu precisava considerar todos os aspectos da minha vida diária. Era importante dar sentido ao tempo que eu passaria no escritório. Esse também foi o caso **porque, sem estrutura, eu poderia literalmente ser puxada para cinco ou mais longas reuniões todos os dias, não permitindo que eu realizasse algo pessoalmente.**

> **Meu objetivo:** Estabelecer um cronograma de trabalho que traga ordem ao meu dia e garanta minha eficácia no apoio ao ministério em vários níveis. Meus dias não são mais curtos, mas são mais intencionais.

Meu horário de expediente revisado é o seguinte:

- 10:45 - 15:45 e 17: 45-9: 00 (terça-feira a sexta-feira)

- 16: 00-17: 45 (de segunda a sexta-feira)

A verdade sobre esse cronograma é que é como tudo neste livro, não perfeito, mas no caminho para a perfeição. Esse cronograma se tornou minha responsabilidade, medindo o quanto eu cumpri-lo. Medir a eficácia é fundamental. Percebi desde a implementação do cronograma que existem o que chamo de situações controláveis e incontroláveis que surgiram. Deixe-me explicar. Os controláveis no meu dia são incorporados e comunicados à equipe. No entanto, houve momentos em que não tenho que mostrar compromisso ou reunião. Portanto, embora eu tenha definido horários para as reuniões, ainda não é perfeito. Durante meu período de tempo, minha percepção **é que é o meu tempo e não o tempo de todos.** Minha determinação, no entanto, é "treinar" **as pessoas para planejar. Da mesma maneira que você agendar consultas médicas ou algo semelhante, agora espero cooperação no agendamento do meu horário. Estou assumindo o controle do meu tempo para poder ser um gerente melhor em outras áreas.**

Isso significa que não estou disponível em caso de emergência? Absolutamente não. Isso significa, no entanto, que devemos qualificar o que é uma emergência. Sim, minha agenda é complexa. E o seu? Como você prioriza? Quando você decide quando dizer não e quando dizer sim?

Esta parte do plano exigirá a disciplina de dizer: "Não". Haverá momentos em que manter a integridade da sua programação, você terá que dizer não. Está bem. **Não há problema em redirecionar as pessoas para a disponibilidade em sua programação. Eu tenho e continuarei a fazê-lo. Anunciei o horário em que estou disponível e disse literalmente: "Se você estiver com fome, encontrará comida." Em outras palavras, se nossos horários não se alinharem, então nós dois precisamos ajustar intencionalmente, esses são os incontroláveis.** O benefício desse cronograma é que, diariamente, posso me concentrar mais claramente. Eu opero dentro dos limites do que tenho como um cronograma. Enquanto meus dias ainda são longos, quando vejo o relógio se aproximando das 21h, deixo automaticamente claro para todos que é hora de partir. **Há momentos em que continuo até as 9:30, mas não muito depois disso como antes. O plano está funcionando.**

LANÇAMENTO NO DIÁRIO

Ao concluir esta seção do diário, você está buscando clareza sobre o fluxo do seu dia. Quais são os controláveis e os incontroláveis? Em outras palavras, Quais são as rotinas básicas do seu dia de trabalho que é imutável de acordo com o fluxo do seu dia desde o momento em que você entra no escritório até o momento em que sai?

Agora que você tem isso, quanto tempo resta para você? Como você planeja orçar esse tempo restante? Você vai sentar no escritório ou fazê-los produzir para você?

CONTROLÁVEL

Reserve um tempo e faça esta seção, pois esta é sua norma. Assim como você fez no início do diário de exercício 1, faça o diário por sete dias e depois no oitavo dia, faça uma avaliação do tempo gasto e desperdiçado. Ao fazer isso, você estará pronto para concluir a seção *Meu Deus, Nosso Plano*, em Tempo para o Trabalho.

DIA 1

Hora	Tarefas
6a – 8 horas	
8 – 10 Horas	
10 – 12 Horas	
12 – 14Hhoras	
14 – 16 Horas	
16 – 18 Horas	
Outros _____	

INCONTROLÁVEL

Hora	Tarefas
6a – 8 horas	
8 – 10 Horas	
10 – 12 Horas	
12 – 14Hhoras	
14 – 16 Horas	
16 – 18 Horas	
Outros _____	

CONTROLÁVEL

Reserve um tempo e faça esta seção, pois esta é sua norma. Assim como você fez no início do diário de exercício 1, faça o diário por sete dias e depois no oitavo dia, faça uma avaliação do tempo gasto e desperdiçado. Ao fazer isso, você estará pronto para concluir a seção *Meu Deus, Nosso Plano*, em Tempo para o Trabalho.

DIA 2

Hora	Tarefas
6a – 8 horas	
8 – 10 Horas	
10 – 12 Horas	
12 – 14Hhoras	
14 – 16 Horas	
16 – 18 Horas	
Outros _____	

INCONTROLÁVEL

Hora	Tarefas
6a – 8 horas	
8 – 10 Horas	
10 – 12 Horas	
12 – 14Hhoras	
14 – 16 Horas	
16 – 18 Horas	
Outros _____	

CONTROLÁVEL

Reserve um tempo e faça esta seção, pois esta é sua norma. Assim como você fez no início do diário de exercício 1, faça o diário por sete dias e depois no oitavo dia, faça uma avaliação do tempo gasto e desperdiçado. Ao fazer isso, você estará pronto para concluir a seção *Meu Deus, Nosso Plano*, em Tempo para o Trabalho.

DIA 3

Hora	Tarefas
6a – 8 horas	
8 – 10 Horas	
10 – 12 Horas	
12 – 14Hhoras	
14 – 16 Horas	
16 – 18 Horas	
Outros _____	

INCONTROLÁVEL

Hora	Tarefas
6a – 8 horas	
8 – 10 Horas	
10 – 12 Horas	
12 – 14Hhoras	
14 – 16 Horas	
16 – 18 Horas	
Outros _____	

CONTROLÁVEL

Reserve um tempo e faça esta seção, pois esta é sua norma. Assim como você fez no início do diário de exercício 1, faça o diário por sete dias e depois no oitavo dia, faça uma avaliação do tempo gasto e desperdiçado. Ao fazer isso, você estará pronto para concluir a seção *Meu Deus, Nosso Plano*, em Tempo para o Trabalho.

DIA 4

Hora	Tarefas
6a – 8 horas	
8 – 10 Horas	
10 – 12 Horas	
12 – 14Hhoras	
14 – 16 Horas	
16 – 18 Horas	
Outros _____	

INCONTROLÁVEL

Hora	Tarefas
6a – 8 horas	
8 – 10 Horas	
10 – 12 Horas	
12 – 14Hhoras	
14 – 16 Horas	
16 – 18 Horas	
Outros _____	

CONTROLÁVEL

Reserve um tempo e faça esta seção, pois esta é sua norma. Assim como você fez no início do diário de exercício 1, faça o diário por sete dias e depois no oitavo dia, faça uma avaliação do tempo gasto e desperdiçado. Ao fazer isso, você estará pronto para concluir a seção *Meu Deus, Nosso Plano*, em Tempo para o Trabalho.

DIA 5

Hora	Tarefas
6a – 8 horas	
8 – 10 Horas	
10 – 12 Horas	
12 – 14Hhoras	
14 – 16 Horas	
16 – 18 Horas	
Outros _____	

INCONTROLÁVEL

Hora	Tarefas
6a – 8 horas	
8 – 10 Horas	
10 – 12 Horas	
12 – 14Hhoras	
14 – 16 Horas	
16 – 18 Horas	
Outros _____	

CONTROLÁVEL

Reserve um tempo e faça esta seção, pois esta é sua norma. Assim como você fez no início do diário de exercício 1, faça o diário por sete dias e depois no oitavo dia, faça uma avaliação do tempo gasto e desperdiçado. Ao fazer isso, você estará pronto para concluir a seção *Meu Deus, Nosso Plano*, em Tempo para o Trabalho.

DIA 6

Hora	Tarefas
6a – 8 horas	
8 – 10 Horas	
10 – 12 Horas	
12 – 14Hhoras	
14 – 16 Horas	
16 – 18 Horas	
Outros _____	

INCONTROLÁVEL

Hora	Tarefas
6a – 8 horas	
8 – 10 Horas	
10 – 12 Horas	
12 – 14Hhoras	
14 – 16 Horas	
16 – 18 Horas	
Outros _____	

CONTROLÁVEL

Reserve um tempo e faça esta seção, pois esta é sua norma. Assim como você fez no início do diário de exercício 1, faça o diário por sete dias e depois no oitavo dia, faça uma avaliação do tempo gasto e desperdiçado. Ao fazer isso, você estará pronto para concluir a seção *Meu Deus, Nosso Plano*, em Tempo para o Trabalho.

DIA 7

Hora	Tarefas
6a – 8 horas	
8 – 10 Horas	
10 – 12 Horas	
12 – 14Hhoras	
14 – 16 Horas	
16 – 18 Horas	
Outros _____	

INCONTROLÁVEL

Hora	Tarefas
6a – 8 horas	
8 – 10 Horas	
10 – 12 Horas	
12 – 14Hhoras	
14 – 16 Horas	
16 – 18 Horas	
Outros _____	

Dia 8: Como você gerenciou seu tempo de trabalho?

_____

_____

_____

_____

HORÁRIO CONTROLÁVEL

- Você foi eficiente com seu tempo? Explicar

  o _____
  _____
  _____
  _____

- Você se sentiu ineficiente em alguma área? Explicar

  o _____
  _____
  _____
  _____

CRONOGRAMA INCONTROLÁVEL

- Quanto isso interferiu na sua capacidade de ser produtivo nas áreas e nas coisas que você precisava fazer?

  o _____
  _____
  _____
  _____

- O que você poderia ter feito de diferente / melhor?

  o _____
  _____
  _____
  _____

- Que mudanças sugeridas para você você faria no Meu Deus, Meu Plano, para garantir que você seja um melhor administrador do **SEU** tempo?

  ○ _____

  _____

  _____

  _____

Antes de seguir em frente, esse seria o momento perfeito, depois de refletir que você vai para a *seção Meu Deus, Nosso Plano*, sobre o Tempo para Trabalhar e estabelece um plano firme no qual você cumprirá.

Lembre-se de que seu plano não será prefeito na primeira entrada do diário. Você pode não perceber a necessidade de separar o tempo para apenas trabalhar. Considere esta uma oportunidade para agendar suas reuniões melhor e equilibrar com mais eficiência seu tempo.

Não se esqueça, o Meu Deus, nosso plano é um acordo que você faz entre você e Deus. Portanto, faça um diário até estar pronto para confirmar.

CHAPTER 7
MEU DEUS, NOSSO PLANO

Nome: _____ Idade: _____ Data: _____

Objetivo: (Isto é para você. Diga a si mesmo por que você está estabelecendo seu Meu Deus, Nosso Plano. Seja HONESTO)

_____

_____

_____

_____

_____

_____

_____

ALIMENTOS - PLANO PARA COMER, COMER PARA PLANEJAR

Tipo de Dieta cetogênica não é para todos; encontre o plano que combina com você / sua vida e que você pode manter.

_____

_____

_____

_____

_____

Consumo Diário

- Café da manhã _____
- Lanche _____
- Almoço _____
- Lanche _____
- Jantar _____
- Lanche _____

Hora da sua última refeição (comece com o que você pode se comprometer e cresça a partir daí.)

12:00 - 13:00 - 14:00 - 15:00 - 17:00 18:00 19:00 20:00 21:00 22:00 16:00 23:00

Restrições intencionais (De quais alimentos você está cortando / se afastando?)

- _____
- _____
- _____
- _____
- _____
- _____

MINHA PROMESSA PARA COM O COMPROMISSO

Eu recomendo ter um amigo, colega de trabalho, membro da família ou qualquer pessoa que possa treiná-lo nesta área. Se você sabe que seus padrões alimentares são iguais aos meus ou piores, procure alguém que cuide de você e o encoraje ao longo do caminho para dedicar um tempo intencional para alimentar seu cérebro.

Quem pensaria que você precisaria de alguém para verificar se você parou de comer? Isso é menos sobre o quão extremamente saudável foi sua refeição e mais sobre: "Você abriu a boca para abastecer o dia agitado diante de você?"

Agora entenda isso, quanto mais saudável você comer, melhor para você. Siga esse processo um passo de cada vez até chegar ao ritmo sustentável desejado para VOCÊ. Então, vá em frente, faça uma promessa para si mesmo.

Neste _____ dia de _____ prometo

_____

_____

_____

_____

_____

_____

_____

_____

_____

EXERCÍCIO - SAÚDE FÍSICA

Metas de Treino:

_____

_____

_____

_____

- ◦ Saúde Ginástica

  - ▪ _____

    _____

    _____

    _____

    _____

- ◦ Ginástica

  - ▪ _____

    _____

    _____

    _____

    _____

Hora do dia para exercício

_____ De Manhã   _____ Meio-dia   _____ Noite

Ginásio ou espaço para treino

_____ Academia grande

_____ Academia pequena

_____ Academia mista

____ Academia somente para mulheres

____ Piscina

____ Sem piscina

____ Outros _____

Minha opção de academia será _____

Local _____

Data de inscrição _____

Custo mensal _____

MINHA PROMESSA PARA COM O COMPROMISSO

Como mencionei antes, você precisa de alguém que seja enviado por Deus. Alguém que se alinha com a sua visão de treino.

Eles não precisam saber mais do que você na academia, só precisam ser tão apaixonados quanto você por fazer o trabalho.

O que é importante no seu plano de treino é que você encontre um ritmo para VOCÊ. Então, vá em frente, faça uma promessa a si mesmo.

Neste ____ dia de ____ prometo _____

_____

_____

_____

_____

_____

_____

_____

_____

_____

_____

TEMPO PARA A SAÚDE ALIMENTAR

Objetivo:

_____

_____

_____

_____

MEU HORÁRIO

Se você pudesse criar o cronograma ideal, qual seria? Reserve um momento para orar e, ao ser guiado por Deus, construa um cronograma que restaure a você o tempo que foi roubado. Inclua no seu plano categorias relevantes, como saúde física, mental

Tempo   Explicação

MINHA PROMESSA PARA COM O COMPROMISSO

Lembre-se, se você tem um parceiro de responsabilidade, especialmente nesta área que é tão pessoal, você precisa de alguém que seja um Deus enviado. Alguém que se alinha com a sua versão de você e que entende as responsabilidades que você tem na vida.

Eles podem não possuir um negócio, mas têm experiência em gerenciamento de tempo. A perspectiva deles pode ser o que você precisa ajustar. O que é importante lembrar é o seguinte: O que você perdeu no passado devido a um planejamento insuficiente ou nenhum planejamento, e quão comprometido você está em mudar essa área da sua vida? Então, vá em frente, faça uma promessa a si mesmo.

Neste _____ dia de _____ prometo

_____

_____

_____

_____

_____

_____

_____

TEMPO PARA ESTUDO - SAÚDE ESPIRITUAL

Reserve um momento, estabeleça uma meta na hora de estudar. Por que isso é importante? Se não for importante, tudo bem, esta seção pode não ser para você. No entanto, encorajo você, não bata até experimentar.

Objetivo:

_____

_____

_____

_____

What time of day is best for you to separate?

___ De manhã   ___ No fim da manhã   ___ Meio-dia

___ Tarde   ___ No fim da Tarde

Quanto tempo você pode alocar responsavelmente para um estudo dedicado?

___ 30min   ___ 1hora   ___ 2horas   ___ 3horas   ___ Outros

Quais são seus medos em separar o tempo para estudar? (Seja transparente consigo mesmo; afinal, isso é tudo sobre você).

_____

_____

_____

_____

_____

_____

É uma necessidade para você nesta estação da sua vida?

___ Sim   ___ Não   ___ Não tenho certeza

MINHA PROMESSA PARA COM O COMPROMISSO

Lembre-se, se você tem um parceiro de responsabilidade, especialmente nesta área que é tão pessoal, você precisa de alguém que seja um Deus enviado. Alguém que se alinha com a sua versão de você e que entende as responsabilidades que você tem na vida

Eles podem não possuir um negócio, mas têm experiência em gerenciamento de tempo. A perspectiva deles pode ser o que você precisa ajustar. O que é importante lembrar é o seguinte: O que você perdeu no passado devido a um planejamento insuficiente ou nenhum planejamento e como está comprometido em mudar essa área da sua vida? Então, vá em frente, faça uma promessa a si mesmo.

Neste _____ dia de _____ prometo

_____

_____

_____

_____

_____

_____

_____

_____

_____

_____

TEMPO DE ORAÇÃO - SAÚDE ESPIRITUAL

Estabeleça uma meta de oração

_____

_____

_____

_____

A que horas do dia você fará uma pausa para orar?

- _____

  _____

- _____

  _____

- _____

  _____

Onde você fará uma pausa para orar? (Nota: trabalho, casa, carro, caminhada, igreja, etc.)

- _____

  _____

- _____

  _____

- _____

  _____

MINHA PROMESSA PARA COM O COMPROMISSO

Você tem um parceiro de oração ou alguém com quem possa se sentar e estabelecer um plano? Caso contrário, obtenha um o mais rápido possível! Lembre-se de que você precisa de alguém que se alinhe à sua visão prater e que compreenda as responsabilidades que você tem na vida.

Certifique-se de que eles são alguém que pode correr com você e não alguém que você deve arrastar enquanto corre em oração. Então, vá em frente, faça uma promessa a si mesmo.

Neste _____ dia de _____ prometo

_____

_____

_____

_____

_____

_____

_____

_____

_____

TEMPO DE TRABALHO - SAÚDE ECONÔMICA

Defina objetivos claros que definem seus limites entre controláveis e incontroláveis.

Controlável

_____

_____

_____

Incontrolável

_____

_____

_____

MINHA PROMESSA PARA COM O COMPROMISSO

Você tem um parceiro de oração ou alguém com quem possa se sentar e estabelecer um plano? Caso contrário, obtenha um o mais rápido possível! Lembre-se de que você precisa de alguém que se alinhe à sua visão prater e que compreenda as responsabilidades que você tem na vida.

Certifique-se de que eles são alguém que pode correr com você e não alguém que você deve arrastar enquanto corre em oração. Então, vá em frente, faça uma promessa a si mesmo.

Neste _____ dia de _____ prometo

_____

_____

_____

_____

_____

_____

_____

_____

SEU NOVO MEU DEUS, NOSSO PLANO

Uau, isso foi MUITO, não foi? Mas oh, tão necessário. Você tem seus planos; nova direção e tenho certeza, nova revelação para CADA área da sua vida. O que você vai fazer agora? Você pode apenas olhar para suas páginas bonitas e preenchidas e colocá-las em uma gaveta, usá-las por uma semana ou mais e esquecê-las como as resoluções de ano novo, OU… você pode decidir que ESTA É a estação para você andar como mulher ou homem que Deus criou você para ser.

Você pode decidir não administrar mal os dons de Deus - afinal, não saber não é mais uma desculpa válida. Através do *processo My God, Our Plan*, você aprendeu, cresceu e esperançosamente entendeu o valor de levá-lo a sério. Afinal, você é MUITO precioso para Deus. Tanto que Ele deu o melhor dele para você!

16 Porque Deus amou o mundo de tal maneira que deu o seu Filho unigênito, para que todo aquele que nele crê não pereça, mas tenha a vida eterna.

17 Porque Deus não enviou seu Filho ao mundo para condenar o mundo, mas para que o mundo por meio dele fosse salvo.

João 3: 16-17 NVI

Nessa parte, "o mundo" Você ESTÁ incluído nisso também. EU PRECISO escrever este manual para você. Deus inquietou meu coração e interrompeu minha ordem de redação do livro, para que você tivesse essas instruções e orientações. É TÃO importante que você entenda isso.

Há muito trabalho a ser feito e SEI que você está ansioso para fazê-lo. Trabalhar duro é uma opção, mas não deveria ser. Deus nos deu a razão e a capacidade de aprender com os outros. Eu trabalhei MUITO duro antes e, como expliquei anteriormente, paguei um preço MUITO caro por esse erro. Agora, trabalho de maneira mais inteligente, faço MAIS pelo Reino e pessoalmente. Meu corpo e meus relacionamentos pessoais estão prosperando e, mais importante, sou capaz de ser a mulher que Deus me criou para voltar quando eu era apenas um pensamento em Sua mente. Quão incrível é isso?

Não desperdice esse ensino, use-o, aproveite-o e compartilhe-o com outras pessoas. Sei que Deus está pronto para usá-lo poderosamente e mal posso esperar para ver e ouvir como os outros são abençoados quando você se torna um mordomo melhor do seu tempo para comida, exercício, descanso, estudo, oração e trabalho.

Deus o abençoe,
Apóstolo, Dra. Terika Smith

MEU PRESENTE PARA VOCÊ!

Nas próximas páginas, você encontrará páginas de diário de 30 dias. Você poderá registrar um diário sobre as seis áreas-chave que aprendeu sobre TODOS OS DIAS.

Como usar as páginas do diário:

Percorra e complete cada página até chegar ao dia seis e depois inicie o ciclo novamente no dia seguinte. Quão impressionante e simples é isso?

Agora, **NÃO basta folhear essas páginas** e colocar este livro e diário em sua bolsa ou em uma prateleira. Por favor, use-o até ver alterações em TODAS as áreas. Mal posso esperar para ler os depoimentos / relatos de como sua vida e ministério mudaram por causa deste diário. Sinta-se livre para me deixar seus pensamentos aqui:

https://www.facebook.com/TerikaSmithMinistries/

Aproveite o seu presente meu amigo!

BEM-VINDO AOS PRÓXIMOS 30 DIAS
DE TRANSFORMAÇÃO TOTAL

MEU DEUS, NOSSO PLANO

JORNAL DE 30 DIAS PARA ALAVANCAR E GERENCIAR BEM SUA VIDA.

BEM-VINDO AO DIA 1 DO NOVO VOCÊ

3 João 2 Almeida Revista e Corrigida 2009 (ARC)

2 Amado, desejo que te vá bem em todas as coisas e que tenhas saúde, assim como bem vai a tua alma.

Horário diário para refeição: acompanhe seu padrão alimentar nos próximos 30 dias.

- Hora de comer/lanche

  - Café da manhã _____

  - Lanche _____

  - Almoço _____

  - Lanche _____

  - Jantar _____

  - Lanche _____

- Como você se sente depois de comer?

  - Café da manhã

    - _____
      _____
      _____
      _____

  - Almoço

    - _____
      _____
      _____
      _____

- Jantar

  □ _____
  _____
  _____
  _____

- o Hora da sua última refeição

  - 12horas 13 horas 14 horas 15 horas 16 horas 17 horas
    18 horas 19 horas 20 horas 21 horas 22 horas 23 horas

Horário diário do exercício: Siga o seu padrão de exercícios pelos próximos 30 dias.

Objetivo a exercer:

_____
_____
_____
_____

- Saúde

  ■ _____
  _____
  _____
  _____
  _____

◦ Ginástica

▪ _____
_____
_____
_____
_____

Hora do dia para o exercício - determine a hora do dia que melhor funciona para você. Você trabalha cedo ou tarde? Você tem mais energia de manhã ou à noite?

___ Mañana   ___ Medio Dia   ___ Noche

Ginásio ou espaço para treino

Qual é o espaço ideal para você? Pesquise na sua comunidade local e veja o que existe e o custo associado a cada opção. Você pode apenas andar pela manhã sem custo associado. Você pode precisar de mais responsabilidade para que as academias com aulas possam ser melhores. Além disso, você pode precisar e, se puder, pagar um personal trainer que estará esperando por você todos os dias para ir à academia ou à academia. O que funciona para você?

____ Academia pequena

____ Academia mista

____ Academia somente para mulheres

____ Piscina

____ Sem piscina

____ Outra _____

Tempo para descanso: saúde mental diária Siga seu padrão de saúde mental pelos próximos 30 dias. Sinta-se livre para adicionar mais linhas, conforme necessário.

Tempo	Lição de casa
6am – 8am	
8am – 10am	
10am – 12pm	
12pm – 2pm	
2pm- 4pm	
4pm – 6pm	
8pm – 10pm	
Outros _____	

Tempo para o estudo: Saúde espiritual diária: Siga seu padrão de saúde espiritual pelos próximos 30 dias.

Reserve um momento, defina uma meta na hora de estudar. Por que isso é importante? Se não for importante, tudo bem, esta seção pode não ser para você. No entanto, encorajo você: "Não bata até que você experimente".

Objetivos:

_____

_____

_____

_____

Que hora do dia é melhor reservar para isso?

___ Manhã cedo   ___ Tarde manhã   ___ Meio dia

___ Tarde   ___ Tarde noite

Quanto tempo você pode alocar responsavelmente para um estudo dedicado?

___ 30 min   ___ 1 hora   ___ 2 horas   ___ 3 horas   __ Outros

Quais são seus medos ao alocar tempo para estudar? (Seja transparente consigo mesmo, isso é sobre você, lembra?)

_____

_____

_____

_____

_____

_____

Isso é uma necessidade para você nesta estação da sua vida?

___ Sim   ___ Não   ___ Não tenho certeza

Hora de orar Saúde Espiritual Diária: Siga seu padrão de saúde de oração pelos próximos 30 dias.

Qual é o seu objetivo de oração? Você tem um Vamos admitir que isso não é uma prioridade para todos, especialmente se você não está com fome de intimidade com Deus. Se assim for, vamos falar sobre isso. Caso contrário, vamos falar sobre isso. De qualquer forma, esta anotação no diário esclarecerá o quanto você valoriza a oração e seu papel em seu plano de avançar.

Meu objetivo: Como é sua vida diária de oração?

_____

_____

_____

_____

A que hora do dia você faz uma pausa para orar? Onde você está quando faz isso?

- _____

- _____

- _____

Se você tiver dificuldades para começar, considere as etapas acima.

Tire todos os momentos intencionais necessários para concluir a próxima seção em forma de oração. É isso mesmo, escreva seus pontos de oração. Pratique até ter um ritmo ou um ritmo de buscar a Deus através da oração.

Você notará que vai deixar de pedir a Deus que faça coisas por você quando precisar e seguir para uma vida de oração de gratidão. Descobri que quanto mais agradeço, mais abençoado sou.

- Ore a Deus como seu pai, amigo, parceiro

  ◦ Pai Celestial, Pai Deus, Pai, Senhor ... Você escolhe o que chamará:

  _____

  _____

  _____

  _____

- Lembre-se de que quando você ora, não está trazendo nada de novo. Não é como seu pai na terra, mas no céu.

  ◦ _____

  _____

  _____

  _____

- Convide-o a estar presente em sua vida

  ◦ _____

  _____

  _____

  _____

- Obrigado por ser seu fornecedor

  ◦ _____

  _____

  _____

  _____

• Peça a graça de perdoar e deixar ir

_____

_____

_____

_____

_____

_____

Hora de trabalhar. Diario Salud Economica: Siga o seu padrão de saúde no Tabajo pelos próximos 30 dias. Acompanhe como você passa o dia!

CALENDÁRIO

Tempo	Lição de casa
6am – 8am	
8am – 10am	
10am – 12pm	
12pm – 2pm	
2pm- 4pm	
4pm – 6pm	
Outros _____	

- Você foi eficiente com seu tempo? Explique

  - _____
    _____
    _____
    _____

- Você se sentiu ineficiente em alguma área? Explique

  - _____
    _____
    _____
    _____

- Quanto isso interferiu na sua capacidade de ser produtivo nas áreas e nas coisas que você precisava fazer?

  - _____
    _____
    _____
    _____

- O que você poderia ter feito diferente / melhor?

  - _____
    _____
    _____
    _____

- Que mudanças sugeridas você faria em meu Deus, meu plano, para garantir que você seja um administrador melhor do SEU tempo?

  - _____
    _____
    _____
    _____

BEM-VINDO AO DIA 2 DO NOVO VOCÊ

1 Coríntios 10:31 Almeida Revista e Corrigida 2009 (ARC)

31 Portanto, quer comais, quer bebais ou façais outra qualquer coisa, fazei tudo para a glória de Deus.

Horário diário para refeição: acompanhe seu padrão alimentar nos próximos 30 dias.

- Hora de comer/lanche

  - Café da manhã _____

  - Lanche _____

  - Almoço _____

  - Lanche _____

  - Jantar _____

  - Lanche _____

- Como você se sente depois de comer?

  - Café da manhã

    - _____
      _____
      _____
      _____

  - Almoço

    - _____
      _____
      _____
      _____

- Jantar

  - _____
    _____
    _____
    _____

  - o Hora da sua última refeição

    - 12horas 13 horas 14 horas 15 horas 16 horas 17 horas
      18 horas 19 horas 20 horas 21 horas 22 horas 23 horas

Horário diário do exercício: Siga o seu padrão de exercícios pelos próximos 30 dias.

Objetivo a exercer:

_____
_____
_____
_____

  - Saúde

    - _____
      _____
      _____
      _____
      _____

◦ Ginástica

▪ _____
_____
_____
_____
_____

Hora do dia para o exercício - determine a hora do dia que melhor funciona para você. Você trabalha cedo ou tarde? Você tem mais energia de manhã ou à noite?

___ Mañana   ___ Medio Dia   ___ Noche

Ginásio ou espaço para treino

Qual é o espaço ideal para você? Pesquise na sua comunidade local e veja o que existe e o custo associado a cada opção. Você pode apenas andar pela manhã sem custo associado. Você pode precisar de mais responsabilidade para que as academias com aulas possam ser melhores. Além disso, você pode precisar e, se puder, pagar um personal trainer que estará esperando por você todos os dias para ir à academia ou à academia. O que funciona para você?

_____ Academia pequena

_____ Academia mista

_____ Academia somente para mulheres

_____ Piscina

_____ Sem piscina

_____ Outra _____

Tempo para descanso: saúde mental diária Siga seu padrão de saúde mental pelos próximos 30 dias. Sinta-se livre para adicionar mais linhas, conforme necessário.

Tempo	Lição de casa
6am – 8am	
8am – 10am	
10am – 12pm	
12pm – 2pm	
2pm- 4pm	
4pm – 6pm	
8pm – 10pm	
Outros_____	

Tempo para o estudo: Saúde espiritual diária: Siga seu padrão de saúde espiritual pelos próximos 30 dias.

Reserve um momento, defina uma meta na hora de estudar. Por que isso é importante? Se não for importante, tudo bem, esta seção pode não ser para você. No entanto, encorajo você: "Não bata até que você experimente".

Objetivos:

_____

_____

_____

_____

Que hora do dia é melhor reservar para isso?

___ Manhã cedo   ___ Tarde manhã   ___ Meio dia

___ Tarde   ___ Tarde noite

Quanto tempo você pode alocar responsavelmente para um estudo dedicado?

___ 30 min   ___ 1 hora   ___ 2 horas   ___ 3 horas   ___ Outros

Quais são seus medos ao alocar tempo para estudar? (Seja transparente consigo mesmo, isso é sobre você, lembra?)

_____

_____

_____

_____

_____

_____

Isso é uma necessidade para você nesta estação da sua vida?

___ Sim   ___ Não   ___ Não tenho certeza

Hora de orar Saúde Espiritual Diária: Siga seu padrão de saúde de oração pelos próximos 30 dias.

Qual é o seu objetivo de oração? Você tem um Vamos admitir que isso não é uma prioridade para todos, especialmente se você não está com fome de intimidade com Deus. Se assim for, vamos falar sobre isso. Caso contrário, vamos falar sobre isso. De qualquer forma, esta anotação no diário esclarecerá o quanto você valoriza a oração e seu papel em seu plano de avançar.

Meu objetivo: Como é sua vida diária de oração?

_____

_____

_____

_____

A que hora do dia você faz uma pausa para orar? Onde você está quando faz isso?

- _____

- _____

- _____

Se você tiver dificuldades para começar, considere as etapas acima.

Tire todos os momentos intencionais necessários para concluir a próxima seção em forma de oração. É isso mesmo, escreva seus pontos de oração. Pratique até ter um ritmo ou um ritmo de buscar a Deus através da oração.

Você notará que vai deixar de pedir a Deus que faça coisas por você quando precisar e seguir para uma vida de oração de gratidão. Descobri que quanto mais agradeço, mais abençoado sou.

- Ore a Deus como seu pai, amigo, parceiro

  ○ Pai Celestial, Pai Deus, Pai, Senhor ... Você escolhe o que chamará:

  _____
  _____
  _____
  _____

- Lembre-se de que quando você ora, não está trazendo nada de novo. Não é como seu pai na terra, mas no céu.

  ○ _____
  _____
  _____
  _____

- Convide-o a estar presente em sua vida

  ○ _____
  _____
  _____
  _____

- Obrigado por ser seu fornecedor

  ○ _____
  _____
  _____
  _____

- Peça a graça de perdoar e deixar ir

_____

_____

_____

_____

_____

_____

_____

Hora de trabalhar. Diario Salud Economica: Siga o seu padrão de saúde no Tabajo pelos próximos 30 dias. Acompanhe como você passa o dia!

CALENDÁRIO

Tempo	Lição de casa
6am – 8am	
8am – 10am	
10am – 12pm	
12pm – 2pm	
2pm- 4pm	
4pm – 6pm	
Outros_____	

- Você foi eficiente com seu tempo? Explique

  ○ _____
    _____
    _____
    _____

- Você se sentiu ineficiente em alguma área? Explique

  ○ _____
    _____
    _____
    _____

- Quanto isso interferiu na sua capacidade de ser produtivo nas áreas e nas coisas que você precisava fazer?

  ○ _____
    _____
    _____
    _____

- O que você poderia ter feito diferente / melhor?

  ○ _____
    _____
    _____
    _____

- Que mudanças sugeridas você faria em meu Deus, meu plano, para garantir que você seja um administrador melhor do SEU tempo?

  ○ _____
    _____
    _____
    _____

BEM-VINDO AO DIA 3 DO NOVO VOCÊ

Gálatas 1:5 Almeida Revista e Corrigida 2009 (ARC)

5 ao qual glória para todo o sempre. Amém!

Horário diário para refeição: acompanhe seu padrão alimentar nos próximos 30 dias.

- Hora de comer/lanche

    - Café da manhã _____
    - Lanche _____
    - Almoço _____
    - Lanche _____
    - Jantar _____
    - Lanche _____

- Como você se sente depois de comer?

    - Café da manhã

        - _____
        _____
        _____
        _____

    - Almoço

        - _____
        _____
        _____
        _____

- Jantar

  ▫ _____
    _____
    _____
    _____

- o Hora da sua última refeição

  - 12horas 13 horas 14 horas 15 horas 16 horas 17 horas
    18 horas 19 horas 20 horas 21 horas 22 horas 23 horas

Horário diário do exercício: Siga o seu padrão de exercícios pelos próximos 30 dias.

Objetivo a exercer:

_____
_____
_____
_____

- Saúde

  ▪ _____
    _____
    _____
    _____
    _____

- Ginástica

  - _____
  _____
  _____
  _____
  _____

Hora do dia para o exercício - determine a hora do dia que melhor funciona para você. Você trabalha cedo ou tarde? Você tem mais energia de manhã ou à noite?

___ Mañana   ___ Medio Dia   ___ Noche

Ginásio ou espaço para treino

Qual é o espaço ideal para você? Pesquise na sua comunidade local e veja o que existe e o custo associado a cada opção. Você pode apenas andar pela manhã sem custo associado. Você pode precisar de mais responsabilidade para que as academias com aulas possam ser melhores. Além disso, você pode precisar e, se puder, pagar um personal trainer que estará esperando por você todos os dias para ir à academia ou à academia. O que funciona para você?

_____ Academia pequena

_____ Academia mista

_____ Academia somente para mulheres

_____ Piscina

_____ Sem piscina

_____ Outra _____

Tempo para descanso: saúde mental diária Siga seu padrão de saúde mental pelos próximos 30 dias. Sinta-se livre para adicionar mais linhas, conforme necessário.

Tempo	Lição de casa
6am – 8am	
8am – 10am	
10am – 12pm	
12pm – 2pm	
2pm- 4pm	
4pm – 6pm	
8pm – 10pm	
Outros _____	

Tempo para o estudo: Saúde espiritual diária: Siga seu padrão de saúde espiritual pelos próximos 30 dias.

Reserve um momento, defina uma meta na hora de estudar. Por que isso é importante? Se não for importante, tudo bem, esta seção pode não ser para você. No entanto, encorajo você: "Não bata até que você experimente".

Objetivos:

_____

_____

_____

_____

Que hora do dia é melhor reservar para isso?

___ Manhã cedo   ___ Tarde manhã   ___ Meio dia

___ Tarde   ___ Tarde noite

Quanto tempo você pode alocar responsavelmente para um estudo dedicado?

___ 30 min   ___ 1 hora   ___ 2 horas   ___ 3 horas   __ Outros

Quais são seus medos ao alocar tempo para estudar? (Seja transparente consigo mesmo, isso é sobre você, lembra?)

_____

_____

_____

_____

_____

_____

Isso é uma necessidade para você nesta estação da sua vida?

___ Sim   ___ Não   ___ Não tenho certeza

Hora de orar Saúde Espiritual Diária: Siga seu padrão de saúde de oração pelos próximos 30 dias.

Qual é o seu objetivo de oração? Você tem um Vamos admitir que isso não é uma prioridade para todos, especialmente se você não está com fome de intimidade com Deus. Se assim for, vamos falar sobre isso. Caso contrário, vamos falar sobre isso. De qualquer forma, esta anotação no diário esclarecerá o quanto você valoriza a oração e seu papel em seu plano de avançar.

Meu objetivo: Como é sua vida diária de oração?

_____

_____

_____

_____

A que hora do dia você faz uma pausa para orar? Onde você está quando faz isso?

- _____

- _____

- _____

Se você tiver dificuldades para começar, considere as etapas acima.

Tire todos os momentos intencionais necessários para concluir a próxima seção em forma de oração. É isso mesmo, escreva seus pontos de oração. Pratique até ter um ritmo ou um ritmo de buscar a Deus através da oração.

Você notará que vai deixar de pedir a Deus que faça coisas por você quando precisar e seguir para uma vida de oração de gratidão. Descobri que quanto mais agradeço, mais abençoado sou.

- Ore a Deus como seu pai, amigo, parceiro

  ◦ Pai Celestial, Pai Deus, Pai, Senhor ... Você escolhe o que chamará:

  _____

  _____

  _____

  _____

- Lembre-se de que quando você ora, não está trazendo nada de novo. Não é como seu pai na terra, mas no céu.

  ◦ _____

  _____

  _____

  _____

- Convide-o a estar presente em sua vida

  ◦ _____

  _____

  _____

  _____

- Obrigado por ser seu fornecedor

  ◦ _____

  _____

  _____

  _____

* Peça a graça de perdoar e deixar ir

_____

_____

_____

_____

_____

_____

Hora de trabalhar. Diario Salud Economica: Siga o seu padrão de saúde no Tabajo pelos próximos 30 dias. Acompanhe como você passa o dia!

CALENDÁRIO

Tempo	Lição de casa
6am – 8am	
8am – 10am	
10am – 12pm	
12pm – 2pm	
2pm- 4pm	
4pm – 6pm	
Outros _____	

- Você foi eficiente com seu tempo? Explique

  o _____
  _____
  _____
  _____

- Você se sentiu ineficiente em alguma área? Explique

  o _____
  _____
  _____
  _____

- Quanto isso interferiu na sua capacidade de ser produtivo nas áreas e nas coisas que você precisava fazer?

  o _____
  _____
  _____
  _____

- O que você poderia ter feito diferente / melhor?

  o _____
  _____
  _____
  _____

- Que mudanças sugeridas você faria em meu Deus, meu plano, para garantir que você seja um administrador melhor do SEU tempo?

  o _____
  _____
  _____
  _____

BEM-VINDO AO DIA 4 DO NOVO VOCÊ

Provérbios 25:27 Almeida Revista e Corrigida 2009 (ARC)

27 Comer muito mel não é bom; assim, a investigação da própria glória não é glória.

Horário diário para refeição: acompanhe seu padrão alimentar nos próximos 30 dias.

- Hora de comer/lanche

  - Café da manhã _____

  - Lanche _____

  - Almoço _____

  - Lanche _____

  - Jantar _____

  - Lanche _____

- Como você se sente depois de comer?

  - Café da manhã

    □ _____
    _____
    _____
    _____

  - Almoço

    □ _____
    _____
    _____
    _____

- Jantar

  □ _____
    _____
    _____
    _____

- o Hora da sua última refeição

  - 12horas 13 horas 14 horas 15 horas 16 horas 17 horas
    18 horas 19 horas 20 horas 21 horas 22 horas 23 horas

Horário diário do exercício: Siga o seu padrão de exercícios pelos próximos 30 dias.

Objetivo a exercer:

_____
_____
_____
_____

- Saúde

  ▪ _____
    _____
    _____
    _____
    _____

○ Ginástica

▪ _____
_____
_____
_____
_____

Hora do dia para o exercício - determine a hora do dia que melhor funciona para você. Você trabalha cedo ou tarde? Você tem mais energia de manhã ou à noite?

___ Mañana   ___ Medio Dia   ___ Noche

Ginásio ou espaço para treino

Qual é o espaço ideal para você? Pesquise na sua comunidade local e veja o que existe e o custo associado a cada opção. Você pode apenas andar pela manhã sem custo associado. Você pode precisar de mais responsabilidade para que as academias com aulas possam ser melhores. Além disso, você pode precisar e, se puder, pagar um personal trainer que estará esperando por você todos os dias para ir à academia ou à academia. O que funciona para você?

____ Academia pequena

____ Academia mista

____ Academia somente para mulheres

____ Piscina

____ Sem piscina

____ Outra _____

Tempo para descanso: saúde mental diária Siga seu padrão de saúde mental pelos próximos 30 dias. Sinta-se livre para adicionar mais linhas, conforme necessário.

Tempo	Lição de casa
6am – 8am	
8am – 10am	
10am – 12pm	
12pm – 2pm	
2pm- 4pm	
4pm – 6pm	
8pm – 10pm	
Outros_____	

Tempo para o estudo: Saúde espiritual diária: Siga seu padrão de saúde espiritual pelos próximos 30 dias.

Reserve um momento, defina uma meta na hora de estudar. Por que isso é importante? Se não for importante, tudo bem, esta seção pode não ser para você. No entanto, encorajo você: "Não bata até que você experimente".

Objetivos:

_____

_____

_____

_____

Que hora do dia é melhor reservar para isso?

___ Manhã cedo   ___ Tarde manhã   ___ Meio dia

___ Tarde   ___ Tarde noite

Quanto tempo você pode alocar responsavelmente para um estudo dedicado?

___ 30 min   ___ 1 hora   ___ 2 horas   ___ 3 horas   __ Outros

Quais são seus medos ao alocar tempo para estudar? (Seja transparente consigo mesmo, isso é sobre você, lembra?)

_____

_____

_____

_____

_____

_____

Isso é uma necessidade para você nesta estação da sua vida?

___ Sim   ___ Não   ___ Não tenho certeza

Hora de orar Saúde Espiritual Diária: Siga seu padrão de saúde de oração pelos próximos 30 dias.

Qual é o seu objetivo de oração? Você tem um Vamos admitir que isso não é uma prioridade para todos, especialmente se você não está com fome de intimidade com Deus. Se assim for, vamos falar sobre isso. Caso contrário, vamos falar sobre isso. De qualquer forma, esta anotação no diário esclarecerá o quanto você valoriza a oração e seu papel em seu plano de avançar.

Meu objetivo: Como é sua vida diária de oração?

_____

_____

_____

_____

A que hora do dia você faz uma pausa para orar? Onde você está quando faz isso?

- _____

- _____

- _____

Se você tiver dificuldades para começar, considere as etapas acima.

Tire todos os momentos intencionais necessários para concluir a próxima seção em forma de oração. É isso mesmo, escreva seus pontos de oração. Pratique até ter um ritmo ou um ritmo de buscar a Deus através da oração.

Você notará que vai deixar de pedir a Deus que faça coisas por você quando precisar e seguir para uma vida de oração de gratidão. Descobri que quanto mais agradeço, mais abençoado sou.

- Ore a Deus como seu pai, amigo, parceiro

  - Pai Celestial, Pai Deus, Pai, Senhor ... Você escolhe o que chamará:

  _____
  _____
  _____
  _____

- Lembre-se de que quando você ora, não está trazendo nada de novo. Não é como seu pai na terra, mas no céu.

  - _____
  _____
  _____
  _____

- Convide-o a estar presente em sua vida

  - _____
  _____
  _____
  _____

- Obrigado por ser seu fornecedor

  - _____
  _____
  _____
  _____

- Peça a graça de perdoar e deixar ir

_____
_____
_____
_____
_____
_____

Hora de trabalhar. Diario Salud Economica: Siga o seu padrão de saúde no Tabajo pelos próximos 30 dias. Acompanhe como você passa o dia!

CALENDÁRIO

Tempo	Lição de casa
6am – 8am	
8am – 10am	
10am – 12pm	
12pm – 2pm	
2pm- 4pm	
4pm – 6pm	
Outros _____	

- Você foi eficiente com seu tempo? Explique

  o _____
  _____
  _____
  _____

- Você se sentiu ineficiente em alguma área? Explique

  o _____
  _____
  _____
  _____

- Quanto isso interferiu na sua capacidade de ser produtivo nas áreas e nas coisas que você precisava fazer?

  o _____
  _____
  _____
  _____

- O que você poderia ter feito diferente / melhor?

  o _____
  _____
  _____
  _____

- Que mudanças sugeridas você faria em meu Deus, meu plano, para garantir que você seja um administrador melhor do SEU tempo?

  o _____
  _____
  _____
  _____

BEM-VINDO AO DIA 5 DO NOVO VOCÊ

1 Coríntios 9:25-27 Almeida Revista e Corrigida 2009 (ARC)

25 E todo aquele que luta de tudo se abstém; eles o fazem para alcançar uma coroa corruptível, nós, porém, uma incorruptível. 26 Pois eu assim corro, não como a coisa incerta; assim combato, não como batendo no ar. 27 Antes, subjugo o meu corpo e o reduzo à servidão, para que, pregando aos outros, eu mesmo não venha de alguma maneira a ficar reprovado.

Horário diário para refeição: acompanhe seu padrão alimentar nos próximos 30 dias.

- Hora de comer/lanche

    - Café da manhã _____

    - Lanche _____

    - Almoço _____

    - Lanche _____

    - Jantar _____

    - Lanche _____

- Como você se sente depois de comer?

    - Café da manhã

        - _____

        _____

        _____

        _____

- Almoço

  - _____
  _____
  _____
  _____

- Jantar

  - _____
  _____
  _____
  _____

- o Hora da sua última refeição

  - 12horas 13 horas 14 horas 15 horas 16 horas 17 horas
    18 horas 19 horas 20 horas 21 horas 22 horas 23 horas

Horário diário do exercício: Siga o seu padrão de exercícios pelos próximos 30 dias.

Objetivo a exercer:

_____
_____
_____
_____

- Saúde

  - _____
  _____
  _____
  _____

○ Ginástica

∙ _____

_____

_____

_____

_____

Hora do dia para o exercício - determine a hora do dia que melhor funciona para você. Você trabalha cedo ou tarde? Você tem mais energia de manhã ou à noite?

___ Mañana   ___ Medio Dia   ___ Noche

Ginásio ou espaço para treino

Qual é o espaço ideal para você? Pesquise na sua comunidade local e veja o que existe e o custo associado a cada opção. Você pode apenas andar pela manhã sem custo associado. Você pode precisar de mais responsabilidade para que as academias com aulas possam ser melhores. Além disso, você pode precisar e, se puder, pagar um personal trainer que estará esperando por você todos os dias para ir à academia ou à academia. O que funciona para você?

____ Academia pequena

____ Academia mista

____ Academia somente para mulheres

____ Piscina

____ Sem piscina

____ Outra _____

Tempo para descanso: saúde mental diária Siga seu padrão de saúde mental pelos próximos 30 dias. Sinta-se livre para adicionar mais linhas, conforme necessário.

Tempo	Lição de casa
6am – 8am	
8am – 10am	
10am – 12pm	
12pm – 2pm	
2pm- 4pm	
4pm – 6pm	
8pm – 10pm	
Outros_____	

Tempo para o estudo: Saúde espiritual diária: Siga seu padrão de saúde espiritual pelos próximos 30 dias.

Reserve um momento, defina uma meta na hora de estudar. Por que isso é importante? Se não for importante, tudo bem, esta seção pode não ser para você. No entanto, encorajo você: "Não bata até que você experimente".

Objetivos:

_____

_____

_____

_____

Que hora do dia é melhor reservar para isso?

___ Manhã cedo   ___ Tarde manhã   ___ Meio dia

___ Tarde   ___ Tarde noite

Quanto tempo você pode alocar responsavelmente para um estudo dedicado?

___ 30 min   ___ 1 hora   ___ 2 horas   ___ 3 horas   __ Outros

Quais são seus medos ao alocar tempo para estudar? (Seja transparente consigo mesmo, isso é sobre você, lembra?)

_____

_____

_____

_____

_____

_____

Isso é uma necessidade para você nesta estação da sua vida?

___ Sim   ___ Não   ___ Não tenho certeza

Hora de orar Saúde Espiritual Diária: Siga seu padrão de saúde de oração pelos próximos 30 dias.

Qual é o seu objetivo de oração? Você tem um Vamos admitir que isso não é uma prioridade para todos, especialmente se você não está com fome de intimidade com Deus. Se assim for, vamos falar sobre isso. Caso contrário, vamos falar sobre isso. De qualquer forma, esta anotação no diário esclarecerá o quanto você valoriza a oração e seu papel em seu plano de avançar.

Meu objetivo: Como é sua vida diária de oração?

_____

_____

_____

_____

A que hora do dia você faz uma pausa para orar? Onde você está quando faz isso?

- _____

- _____

- _____

Se você tiver dificuldades para começar, considere as etapas acima.

Tire todos os momentos intencionais necessários para concluir a próxima seção em forma de oração. É isso mesmo, escreva seus pontos de oração. Pratique até ter um ritmo ou um ritmo de buscar a Deus através da oração.

Você notará que vai deixar de pedir a Deus que faça coisas por você quando precisar e seguir para uma vida de oração de gratidão. Descobri que quanto mais agradeço, mais abençoado sou.

- Ore a Deus como seu pai, amigo, parceiro

  ◦ Pai Celestial, Pai Deus, Pai, Senhor ... Você escolhe o que chamará:

  _____

  _____

  _____

  _____

- Lembre-se de que quando você ora, não está trazendo nada de novo. Não é como seu pai na terra, mas no céu.

  ◦ _____

  _____

  _____

  _____

- Convide-o a estar presente em sua vida

  ◦ _____

  _____

  _____

  _____

- Obrigado por ser seu fornecedor

  ◦ _____

  _____

  _____

  _____

- Peça a graça de perdoar e deixar ir

_____
_____
_____
_____
_____
_____

Hora de trabalhar. Diario Salud Economica: Siga o seu padrão de saúde no Tabajo pelos próximos 30 dias. Acompanhe como você passa o dia!

CALENDÁRIO

Tempo	Lição de casa
6am – 8am	
8am – 10am	
10am – 12pm	
12pm – 2pm	
2pm- 4pm	
4pm – 6pm	
Outros _____	

- Você foi eficiente com seu tempo? Explique

  - _____
    _____
    _____
    _____

- Você se sentiu ineficiente em alguma área? Explique

  - _____
    _____
    _____
    _____

- Quanto isso interferiu na sua capacidade de ser produtivo nas áreas e nas coisas que você precisava fazer?

  - _____
    _____
    _____
    _____

- O que você poderia ter feito diferente / melhor?

  - _____
    _____
    _____
    _____

- Que mudanças sugeridas você faria em meu Deus, meu plano, para garantir que você seja um administrador melhor do SEU tempo?

  - _____
    _____
    _____
    _____

BEM-VINDO AO DIA 6 DO NOVO VOCÊ

Romanos 8:28 Almeida Revista e Corrigida 2009 (ARC)

28 E sabemos que todas as coisas contribuem juntamente para o bem daqueles que amam a Deus, daqueles que são chamados por seu decreto.

Horário diário para refeição: acompanhe seu padrão alimentar nos próximos 30 dias.

- Hora de comer/lanche

  - Café da manhã _____

  - Lanche _____

  - Almoço _____

  - Lanche _____

  - Jantar _____

  - Lanche _____

- Como você se sente depois de comer?

  - Café da manhã

    - _____
      _____
      _____
      _____

  - Almoço

    - _____
      _____
      _____
      _____

- Jantar

  - _____
    _____
    _____
    _____

- o Hora da sua última refeição

  - 12horas 13 horas 14 horas 15 horas 16 horas 17 horas
    18 horas 19 horas 20 horas 21 horas 22 horas 23 horas

Horário diário do exercício: Siga o seu padrão de exercícios pelos próximos 30 dias.

Objetivo a exercer:

_____
_____
_____
_____

- Saúde

  - _____
    _____
    _____
    _____
    _____

○ Ginástica

- _____
  _____
  _____
  _____
  _____

Hora do dia para o exercício - determine a hora do dia que melhor funciona para você. Você trabalha cedo ou tarde? Você tem mais energia de manhã ou à noite?

___ Mañana   ___ Medio Dia   ___ Noche

Ginásio ou espaço para treino

Qual é o espaço ideal para você? Pesquise na sua comunidade local e veja o que existe e o custo associado a cada opção. Você pode apenas andar pela manhã sem custo associado. Você pode precisar de mais responsabilidade para que as academias com aulas possam ser melhores. Além disso, você pode precisar e, se puder, pagar um personal trainer que estará esperando por você todos os dias para ir à academia ou à academia. O que funciona para você?

____ Academia pequena

____ Academia mista

____ Academia somente para mulheres

____ Piscina

____ Sem piscina

____ Outra _____

Tempo para descanso: saúde mental diária Siga seu padrão de saúde mental pelos próximos 30 dias. Sinta-se livre para adicionar mais linhas, conforme necessário.

Tempo	Lição de casa
6am – 8am	
8am – 10am	
10am – 12pm	
12pm – 2pm	
2pm- 4pm	
4pm – 6pm	
8pm – 10pm	
Outros _____	

Tempo para o estudo: Saúde espiritual diária: Siga seu padrão de saúde espiritual pelos próximos 30 dias.

Reserve um momento, defina uma meta na hora de estudar. Por que isso é importante? Se não for importante, tudo bem, esta seção pode não ser para você. No entanto, encorajo você: "Não bata até que você experimente".

Objetivos:

_____

_____

_____

_____

Que hora do dia é melhor reservar para isso?

___ Manhã cedo   ___ Tarde manhã   ___ Meio dia

___ Tarde   ___ Tarde noite

Quanto tempo você pode alocar responsavelmente para um estudo dedicado?

___ 30 min   ___ 1 hora   ___ 2 horas   ___ 3 horas   __ Outros

Quais são seus medos ao alocar tempo para estudar? (Seja transparente consigo mesmo, isso é sobre você, lembra?)

_____

_____

_____

_____

_____

_____

Isso é uma necessidade para você nesta estação da sua vida?

___ Sim   ___ Não   ___ Não tenho certeza

Hora de orar Saúde Espiritual Diária: Siga seu padrão de saúde de oração pelos próximos 30 dias.

Qual é o seu objetivo de oração? Você tem um Vamos admitir que isso não é uma prioridade para todos, especialmente se você não está com fome de intimidade com Deus. Se assim for, vamos falar sobre isso. Caso contrário, vamos falar sobre isso. De qualquer forma, esta anotação no diário esclarecerá o quanto você valoriza a oração e seu papel em seu plano de avançar.

Meu objetivo: Como é sua vida diária de oração?

_____

_____

_____

_____

A que hora do dia você faz uma pausa para orar? Onde você está quando faz isso?

- _____

- _____

- _____

Se você tiver dificuldades para começar, considere as etapas acima.

Tire todos os momentos intencionais necessários para concluir a próxima seção em forma de oração. É isso mesmo, escreva seus pontos de oração. Pratique até ter um ritmo ou um ritmo de buscar a Deus através da oração.

Você notará que vai deixar de pedir a Deus que faça coisas por você quando precisar e seguir para uma vida de oração de gratidão. Descobri que quanto mais agradeço, mais abençoado sou.

- Ore a Deus como seu pai, amigo, parceiro

  ◦ Pai Celestial, Pai Deus, Pai, Senhor ... Você escolhe o que chamará:

  _____

  _____

  _____

  _____

- Lembre-se de que quando você ora, não está trazendo nada de novo. Não é como seu pai na terra, mas no céu.

  ◦ _____

  _____

  _____

  _____

- Convide-o a estar presente em sua vida

  ◦ _____

  _____

  _____

  _____

- Obrigado por ser seu fornecedor

  ◦ _____

  _____

  _____

  _____

- Peça a graça de perdoar e deixar ir

_____

_____

_____

_____

_____

_____

Hora de trabalhar. Diario Salud Economica: Siga o seu padrão de saúde no Tabajo pelos próximos 30 dias. Acompanhe como você passa o dia!

CALENDÁRIO

Tempo	Lição de casa
6am – 8am	
8am – 10am	
10am – 12pm	
12pm – 2pm	
2pm- 4pm	
4pm – 6pm	
Outros _____	

- Você foi eficiente com seu tempo? Explique

  ○ _____
  _____
  _____
  _____

- Você se sentiu ineficiente em alguma área? Explique

  ○ _____
  _____
  _____
  _____

- Quanto isso interferiu na sua capacidade de ser produtivo nas áreas e nas coisas que você precisava fazer?

  ○ _____
  _____
  _____
  _____

- O que você poderia ter feito diferente / melhor?

  ○ _____
  _____
  _____
  _____

- Que mudanças sugeridas você faria em meu Deus, meu plano, para garantir que você seja um administrador melhor do SEU tempo?

  ○ _____
  _____
  _____
  _____

BEM-VINDO AO DIA 7 DO NOVO VOCÊ

1 Timóteo 4:8 Almeida Revista e Corrigida 2009 (ARC)

8 Porque o exercício corporal para pouco aproveita, mas a piedade para tudo é proveitosa, tendo a promessa da vida presente e da que há de vir.

Horário diário para refeição: acompanhe seu padrão alimentar nos próximos 30 dias.

- Hora de comer/lanche

  - Café da manhã _____

  - Lanche _____

  - Almoço _____

  - Lanche _____

  - Jantar _____

  - Lanche _____

- Como você se sente depois de comer?

  - Café da manhã

    - _____
      _____
      _____
      _____

  - Almoço

    - _____
      _____
      _____
      _____

- Jantar

  □ _____
  _____
  _____
  _____

- o Hora da sua última refeição

  - 12horas 13 horas 14 horas 15 horas 16 horas 17 horas
    18 horas 19 horas 20 horas 21 horas 22 horas 23 horas

Horário diário do exercício: Siga o seu padrão de exercícios pelos próximos 30 dias.

Objetivo a exercer:

_____
_____
_____
_____

- Saúde

  ▪ _____
  _____
  _____
  _____
  _____

◦ Ginástica

▪ _____
_____
_____
_____
_____

Hora do dia para o exercício - determine a hora do dia que melhor funciona para você. Você trabalha cedo ou tarde? Você tem mais energia de manhã ou à noite?

___ Mañana   ___ Medio Dia   ___ Noche

Ginásio ou espaço para treino

Qual é o espaço ideal para você? Pesquise na sua comunidade local e veja o que existe e o custo associado a cada opção. Você pode apenas andar pela manhã sem custo associado. Você pode precisar de mais responsabilidade para que as academias com aulas possam ser melhores. Além disso, você pode precisar e, se puder, pagar um personal trainer que estará esperando por você todos os dias para ir à academia ou à academia. O que funciona para você?

_____ Academia pequena

_____ Academia mista

_____ Academia somente para mulheres

_____ Piscina

_____ Sem piscina

_____ Outra _____

Tempo para descanso: saúde mental diária Siga seu padrão de saúde mental pelos próximos 30 dias. Sinta-se livre para adicionar mais linhas, conforme necessário.

Tempo	Lição de casa
6am – 8am	
8am – 10am	
10am – 12pm	
12pm – 2pm	
2pm- 4pm	
4pm – 6pm	
8pm – 10pm	
Outros_____	

Tempo para o estudo: Saúde espiritual diária: Siga seu padrão de saúde espiritual pelos próximos 30 dias.

Reserve um momento, defina uma meta na hora de estudar. Por que isso é importante? Se não for importante, tudo bem, esta seção pode não ser para você. No entanto, encorajo você: "Não bata até que você experimente".

Objetivos:

_____

_____

_____

Que hora do dia é melhor reservar para isso?

___ Manhã cedo   ___ Tarde manhã   ___ Meio dia

___ Tarde   ___ Tarde noite

Quanto tempo você pode alocar responsavelmente para um estudo dedicado?

___ 30 min   ___ 1 hora   ___ 2 horas   ___ 3 horas   __ Outros

Quais são seus medos ao alocar tempo para estudar? (Seja transparente consigo mesmo, isso é sobre você, lembra?)

_____

_____

_____

_____

_____

_____

Isso é uma necessidade para você nesta estação da sua vida?

___ Sim   ___ Não   ___ Não tenho certeza

Hora de orar Saúde Espiritual Diária: Siga seu padrão de saúde de oração pelos próximos 30 dias.

Qual é o seu objetivo de oração? Você tem um Vamos admitir que isso não é uma prioridade para todos, especialmente se você não está com fome de intimidade com Deus. Se assim for, vamos falar sobre isso. Caso contrário, vamos falar sobre isso. De qualquer forma, esta anotação no diário esclarecerá o quanto você valoriza a oração e seu papel em seu plano de avançar.

Meu objetivo: Como é sua vida diária de oração?

_____

_____

_____

_____

A que hora do dia você faz uma pausa para orar? Onde você está quando faz isso?

- _____

- _____

- _____

Se você tiver dificuldades para começar, considere as etapas acima.

Tire todos os momentos intencionais necessários para concluir a próxima seção em forma de oração. É isso mesmo, escreva seus pontos de oração. Pratique até ter um ritmo ou um ritmo de buscar a Deus através da oração.

Você notará que vai deixar de pedir a Deus que faça coisas por você quando precisar e seguir para uma vida de oração de gratidão. Descobri que quanto mais agradeço, mais abençoado sou.

- Ore a Deus como seu pai, amigo, parceiro

  ◦ Pai Celestial, Pai Deus, Pai, Senhor ... Você escolhe o que chamará:

  _____
  _____
  _____
  _____

- Lembre-se de que quando você ora, não está trazendo nada de novo. Não é como seu pai na terra, mas no céu.

  ◦ _____
  _____
  _____
  _____

- Convide-o a estar presente em sua vida

  ◦ _____
  _____
  _____
  _____

- Obrigado por ser seu fornecedor

  ◦ _____
  _____
  _____
  _____

- Peça a graça de perdoar e deixar ir

_____
_____
_____
_____
_____
_____

Hora de trabalhar. Diario Salud Economica: Siga o seu padrão de saúde no Tabajo pelos próximos 30 dias. Acompanhe como você passa o dia!

CALENDÁRIO

Tempo	Lição de casa
6am – 8am	
8am – 10am	
10am – 12pm	
12pm – 2pm	
2pm- 4pm	
4pm – 6pm	
Outros _____	

- Você foi eficiente com seu tempo? Explique

  o _____
  _____
  _____
  _____

- Você se sentiu ineficiente em alguma área? Explique

  o _____
  _____
  _____
  _____

- Quanto isso interferiu na sua capacidade de ser produtivo nas áreas e nas coisas que você precisava fazer?

  o _____
  _____
  _____
  _____

- O que você poderia ter feito diferente / melhor?

  o _____
  _____
  _____
  _____

- Que mudanças sugeridas você faria em meu Deus, meu plano, para garantir que você seja um administrador melhor do SEU tempo?

  o _____
  _____
  _____
  _____

BEM-VINDO AO DIA 8 DO NOVO VOCÊ

Jó 17:9 Almeida Revista e Corrigida 2009 (ARC)

9 E o justo seguirá o seu caminho firmemente, e o puro de mãos irá crescendo em força.

Horário diário para refeição: acompanhe seu padrão alimentar nos próximos 30 dias.

- Hora de comer/lanche

  - Café da manhã _____

  - Lanche _____

  - Almoço _____

  - Lanche _____

  - Jantar _____

  - Lanche _____

- Como você se sente depois de comer?

  - Café da manhã

    - _____
      _____
      _____
      _____

  - Almoço

    - _____
      _____
      _____
      _____

- Jantar

  □ _____
    _____
    _____
    _____

  ○ o Hora da sua última refeição

    ▪ 12horas 13 horas 14 horas 15 horas 16 horas 17 horas
      18 horas 19 horas 20 horas 21 horas 22 horas 23 horas

Horário diário do exercício: Siga o seu padrão de exercícios pelos próximos 30 dias.

Objetivo a exercer:

_____
_____
_____
_____

  ○ Saúde

    ▪ _____
      _____
      _____
      _____
      _____

○ Ginástica

- _____
_____
_____
_____
_____

Hora do dia para o exercício - determine a hora do dia que melhor funciona para você. Você trabalha cedo ou tarde? Você tem mais energia de manhã ou à noite?

___ Mañana ___ Medio Dia ___ Noche

Ginásio ou espaço para treino

Qual é o espaço ideal para você? Pesquise na sua comunidade local e veja o que existe e o custo associado a cada opção. Você pode apenas andar pela manhã sem custo associado. Você pode precisar de mais responsabilidade para que as academias com aulas possam ser melhores. Além disso, você pode precisar e, se puder, pagar um personal trainer que estará esperando por você todos os dias para ir à academia ou à academia. O que funciona para você?

____ Academia pequena

____ Academia mista

____ Academia somente para mulheres

____ Piscina

____ Sem piscina

____ Outra _____

Tempo para descanso: saúde mental diária Siga seu padrão de saúde mental pelos próximos 30 dias. Sinta-se livre para adicionar mais linhas, conforme necessário.

Tempo	Lição de casa
6am – 8am	
8am – 10am	
10am – 12pm	
12pm – 2pm	
2pm- 4pm	
4pm – 6pm	
8pm – 10pm	
Outros _____	

Tempo para o estudo: Saúde espiritual diária: Siga seu padrão de saúde espiritual pelos próximos 30 dias.

Reserve um momento, defina uma meta na hora de estudar. Por que isso é importante? Se não for importante, tudo bem, esta seção pode não ser para você. No entanto, encorajo você: "Não bata até que você experimente".

Objetivos:

_____

_____

_____

_____

Que hora do dia é melhor reservar para isso?

___ Manhã cedo   ___ Tarde manhã   ___ Meio dia

___ Tarde   ___ Tarde noite

Quanto tempo você pode alocar responsavelmente para um estudo dedicado?

___ 30 min   ___ 1 hora   ___ 2 horas   ___ 3 horas   __ Outros

Quais são seus medos ao alocar tempo para estudar? (Seja transparente consigo mesmo, isso é sobre você, lembra?)

_____

_____

_____

_____

_____

_____

Isso é uma necessidade para você nesta estação da sua vida?

___ Sim   ___ Não   ___ Não tenho certeza

Hora de orar Saúde Espiritual Diária: Siga seu padrão de saúde de oração pelos próximos 30 dias.

Qual é o seu objetivo de oração? Você tem um Vamos admitir que isso não é uma prioridade para todos, especialmente se você não está com fome de intimidade com Deus. Se assim for, vamos falar sobre isso. Caso contrário, vamos falar sobre isso. De qualquer forma, esta anotação no diário esclarecerá o quanto você valoriza a oração e seu papel em seu plano de avançar.

Meu objetivo: Como é sua vida diária de oração?

_____

_____

_____

_____

A que hora do dia você faz uma pausa para orar? Onde você está quando faz isso?

- _____

- _____

- _____

Se você tiver dificuldades para começar, considere as etapas acima.

Tire todos os momentos intencionais necessários para concluir a próxima seção em forma de oração. É isso mesmo, escreva seus pontos de oração. Pratique até ter um ritmo ou um ritmo de buscar a Deus através da oração.

Você notará que vai deixar de pedir a Deus que faça coisas por você quando precisar e seguir para uma vida de oração de gratidão. Descobri que quanto mais agradeço, mais abençoado sou.

- Ore a Deus como seu pai, amigo, parceiro

  ○ Pai Celestial, Pai Deus, Pai, Senhor ... Você escolhe o que chamará:

  _____
  _____
  _____
  _____

- Lembre-se de que quando você ora, não está trazendo nada de novo. Não é como seu pai na terra, mas no céu.

  ○ _____
  _____
  _____
  _____

- Convide-o a estar presente em sua vida

  ○ _____
  _____
  _____
  _____

- Obrigado por ser seu fornecedor

  ○ _____
  _____
  _____
  _____

- Peça a graça de perdoar e deixar ir

_____

_____

_____

_____

_____

_____

Hora de trabalhar. Diario Salud Economica: Siga o seu padrão de saúde no Tabajo pelos próximos 30 dias. Acompanhe como você passa o dia!

CALENDÁRIO

Tempo	Lição de casa
6am – 8am	
8am – 10am	
10am – 12pm	
12pm – 2pm	
2pm- 4pm	
4pm – 6pm	
Outros_____	

- Você foi eficiente com seu tempo? Explique

  o _____
  _____
  _____
  _____

- Você se sentiu ineficiente em alguma área? Explique

  o _____
  _____
  _____
  _____

- Quanto isso interferiu na sua capacidade de ser produtivo nas áreas e nas coisas que você precisava fazer?

  o _____
  _____
  _____
  _____

- O que você poderia ter feito diferente / melhor?

  o _____
  _____
  _____
  _____

- Que mudanças sugeridas você faria em meu Deus, meu plano, para garantir que você seja um administrador melhor do SEU tempo?

  o _____
  _____
  _____
  _____

BEM-VINDO AO DIA 9 DO NOVO VOCÊ

Provérbios 24:16 Almeida Revista e Corrigida 2009 (ARC)

16 Porque sete vezes cairá o justo e se levantará; mas os ímpios
tropeçarão no mal.

Horário diário para refeição: acompanhe seu padrão alimentar nos
próximos 30 dias.

- Hora de comer/lanche

  - Café da manhã _____

  - Lanche _____

  - Almoço _____

  - Lanche _____

  - Jantar _____

  - Lanche _____

- Como você se sente depois de comer?

  - Café da manhã

    - _____
      _____
      _____
      _____

  - Almoço

    - _____
      _____
      _____
      _____

- Jantar

  □ _____
  _____
  _____
  _____

- o Hora da sua última refeição

  - 12horas 13 horas 14 horas 15 horas 16 horas 17 horas
    18 horas 19 horas 20 horas 21 horas 22 horas 23 horas

Horário diário do exercício: Siga o seu padrão de exercícios pelos próximos 30 dias.

Objetivo a exercer:

_____
_____
_____
_____

- Saúde

  ■ _____
  _____
  _____
  _____

◦ Ginástica

▪ _____
_____
_____
_____
_____

Hora do dia para o exercício - determine a hora do dia que melhor funciona para você. Você trabalha cedo ou tarde? Você tem mais energia de manhã ou à noite?

___ Mañana ___ Medio Dia ___ Noche

Ginásio ou espaço para treino

Qual é o espaço ideal para você? Pesquise na sua comunidade local e veja o que existe e o custo associado a cada opção. Você pode apenas andar pela manhã sem custo associado. Você pode precisar de mais responsabilidade para que as academias com aulas possam ser melhores. Além disso, você pode precisar e, se puder, pagar um personal trainer que estará esperando por você todos os dias para ir à academia ou à academia. O que funciona para você?

____ Academia pequena

____ Academia mista

____ Academia somente para mulheres

____ Piscina

____ Sem piscina

____ Outra _____

Tempo para descanso: saúde mental diária Siga seu padrão de saúde mental pelos próximos 30 dias. Sinta-se livre para adicionar mais linhas, conforme necessário.

Tempo	Lição de casa
6am – 8am	
8am – 10am	
10am – 12pm	
12pm – 2pm	
2pm- 4pm	
4pm – 6pm	
8pm – 10pm	
Outros _____	

Tempo para o estudo: Saúde espiritual diária: Siga seu padrão de saúde espiritual pelos próximos 30 dias.

Reserve um momento, defina uma meta na hora de estudar. Por que isso é importante? Se não for importante, tudo bem, esta seção pode não ser para você. No entanto, encorajo você: "Não bata até que você experimente".

Objetivos:

_____

_____

_____

_____

Que hora do dia é melhor reservar para isso?

___ Manhã cedo   ___ Tarde manhã   ___ Meio dia

___ Tarde   ___ Tarde noite

Quanto tempo você pode alocar responsavelmente para um estudo dedicado?

___ 30 min   ___ 1 hora   ___ 2 horas   ___ 3 horas   __ Outros

Quais são seus medos ao alocar tempo para estudar? (Seja transparente consigo mesmo, isso é sobre você, lembra?)

_____

_____

_____

_____

_____

_____

Isso é uma necessidade para você nesta estação da sua vida?

___ Sim   ___ Não   ___ Não tenho certeza

Hora de orar Saúde Espiritual Diária: Siga seu padrão de saúde de oração pelos próximos 30 dias.

Qual é o seu objetivo de oração? Você tem um Vamos admitir que isso não é uma prioridade para todos, especialmente se você não está com fome de intimidade com Deus. Se assim for, vamos falar sobre isso. Caso contrário, vamos falar sobre isso. De qualquer forma, esta anotação no diário esclarecerá o quanto você valoriza a oração e seu papel em seu plano de avançar.

Meu objetivo: Como é sua vida diária de oração?

_____

_____

_____

_____

A que hora do dia você faz uma pausa para orar? Onde você está quando faz isso?

- _____

- _____

- _____

Se você tiver dificuldades para começar, considere as etapas acima.

Tire todos os momentos intencionais necessários para concluir a próxima seção em forma de oração. É isso mesmo, escreva seus pontos de oração. Pratique até ter um ritmo ou um ritmo de buscar a Deus através da oração.

Você notará que vai deixar de pedir a Deus que faça coisas por você quando precisar e seguir para uma vida de oração de gratidão. Descobri que quanto mais agradeço, mais abençoado sou.

- Ore a Deus como seu pai, amigo, parceiro

  ◦ Pai Celestial, Pai Deus, Pai, Senhor ... Você escolhe o que chamará:

  _____

  _____

  _____

  _____

- Lembre-se de que quando você ora, não está trazendo nada de novo. Não é como seu pai na terra, mas no céu.

  ◦ _____

  _____

  _____

  _____

- Convide-o a estar presente em sua vida

  ◦ _____

  _____

  _____

  _____

- Obrigado por ser seu fornecedor

  ◦ _____

  _____

  _____

  _____

• Peça a graça de perdoar e deixar ir

_____

_____

_____

_____

_____

_____

Hora de trabalhar. Diario Salud Economica: Siga o seu padrão de saúde no Tabajo pelos próximos 30 dias. Acompanhe como você passa o dia!

CALENDÁRIO

Tempo	Lição de casa
6am – 8am	
8am – 10am	
10am – 12pm	
12pm – 2pm	
2pm- 4pm	
4pm – 6pm	
Outros _____	

- Você foi eficiente com seu tempo? Explique

  o _____

  _____

  _____

  _____

- Você se sentiu ineficiente em alguma área? Explique

  o _____

  _____

  _____

  _____

- Quanto isso interferiu na sua capacidade de ser produtivo nas áreas e nas coisas que você precisava fazer?

  o _____

  _____

  _____

  _____

- O que você poderia ter feito diferente / melhor?

  o _____

  _____

  _____

  _____

- Que mudanças sugeridas você faria em meu Deus, meu plano, para garantir que você seja um administrador melhor do SEU tempo?

  o _____

  _____

  _____

  _____

BEM-VINDO AO DIA 10 DO NOVO VOCÊ

Salmos 118:13-14 Almeida Revista e Corrigida 2009 (ARC)

13 Com força me impeliste para me fazeres cair, mas o Senhor me ajudou. 14 O Senhor é a minha força e o meu cântico, porque ele me salvou.

Horário diário para refeição: acompanhe seu padrão alimentar nos próximos 30 dias.

- Hora de comer/lanche

  - Café da manhã _____

  - Lanche _____

  - Almoço _____

  - Lanche _____

  - Jantar _____

  - Lanche _____

- Como você se sente depois de comer?

  - Café da manhã

    - _____
      _____
      _____
      _____

  - Almoço

    - _____
      _____
      _____
      _____

- Jantar

  □ _____
    _____
    _____
    _____

  ○ o Hora da sua última refeição

    ▪ 12horas 13 horas 14 horas 15 horas 16 horas 17 horas
      18 horas 19 horas 20 horas 21 horas 22 horas 23 horas

Horário diário do exercício: Siga o seu padrão de exercícios pelos próximos 30 dias.

Objetivo a exercer:

_____
_____
_____
_____

  ○ Saúde

    ▪ _____
      _____
      _____
      _____
      _____

∘ Ginástica

▪ _____
_____
_____
_____
_____

Hora do dia para o exercício - determine a hora do dia que melhor funciona para você. Você trabalha cedo ou tarde? Você tem mais energia de manhã ou à noite?

___ Mañana   ___ Medio Dia   ___ Noche

Ginásio ou espaço para treino

Qual é o espaço ideal para você? Pesquise na sua comunidade local e veja o que existe e o custo associado a cada opção. Você pode apenas andar pela manhã sem custo associado. Você pode precisar de mais responsabilidade para que as academias com aulas possam ser melhores. Além disso, você pode precisar e, se puder, pagar um personal trainer que estará esperando por você todos os dias para ir à academia ou à academia. O que funciona para você?

____ Academia pequena

____ Academia mista

____ Academia somente para mulheres

____ Piscina

____ Sem piscina

____ Outra _____

Tempo para descanso: saúde mental diária Siga seu padrão de saúde mental pelos próximos 30 dias. Sinta-se livre para adicionar mais linhas, conforme necessário.

Tempo	Lição de casa
6am – 8am	
8am – 10am	
10am – 12pm	
12pm – 2pm	
2pm- 4pm	
4pm – 6pm	
8pm – 10pm	
Outros _____	

Tempo para o estudo: Saúde espiritual diária: Siga seu padrão de saúde espiritual pelos próximos 30 dias.

Reserve um momento, defina uma meta na hora de estudar. Por que isso é importante? Se não for importante, tudo bem, esta seção pode não ser para você. No entanto, encorajo você: "Não bata até que você experimente".

Objetivos:

_____

_____

_____

_____

Que hora do dia é melhor reservar para isso?

___ Manhã cedo   ___ Tarde manhã   ___ Meio dia

___ Tarde   ___ Tarde noite

Quanto tempo você pode alocar responsavelmente para um estudo dedicado?

___ 30 min   ___ 1 hora   ___ 2 horas   ___ 3 horas   __ Outros

Quais são seus medos ao alocar tempo para estudar? (Seja transparente consigo mesmo, isso é sobre você, lembra?)

_____

_____

_____

_____

_____

_____

Isso é uma necessidade para você nesta estação da sua vida?

___ Sim   ___ Não   ___ Não tenho certeza

Hora de orar Saúde Espiritual Diária: Siga seu padrão de saúde de oração pelos próximos 30 dias.

Qual é o seu objetivo de oração? Você tem um Vamos admitir que isso não é uma prioridade para todos, especialmente se você não está com fome de intimidade com Deus. Se assim for, vamos falar sobre isso. Caso contrário, vamos falar sobre isso. De qualquer forma, esta anotação no diário esclarecerá o quanto você valoriza a oração e seu papel em seu plano de avançar.

Meu objetivo: Como é sua vida diária de oração?

_____

_____

_____

_____

A que hora do dia você faz uma pausa para orar? Onde você está quando faz isso?

- _____

- _____

- _____

Se você tiver dificuldades para começar, considere as etapas acima.

Tire todos os momentos intencionais necessários para concluir a próxima seção em forma de oração. É isso mesmo, escreva seus pontos de oração. Pratique até ter um ritmo ou um ritmo de buscar a Deus através da oração.

Você notará que vai deixar de pedir a Deus que faça coisas por você quando precisar e seguir para uma vida de oração de gratidão. Descobri que quanto mais agradeço, mais abençoado sou.

- Ore a Deus como seu pai, amigo, parceiro

  - Pai Celestial, Pai Deus, Pai, Senhor ... Você escolhe o que chamará:

    _____
    _____
    _____
    _____

- Lembre-se de que quando você ora, não está trazendo nada de novo. Não é como seu pai na terra, mas no céu.

  - _____
    _____
    _____
    _____

- Convide-o a estar presente em sua vida

  - _____
    _____
    _____
    _____

- Obrigado por ser seu fornecedor

  - _____
    _____
    _____
    _____

• Peça a graça de perdoar e deixar ir

_____

_____

_____

_____

_____

_____

Hora de trabalhar. Diario Salud Economica: Siga o seu padrão de saúde no Tabajo pelos próximos 30 dias. Acompanhe como você passa o dia!

CALENDÁRIO

Tempo	Lição de casa
6am – 8am	
8am – 10am	
10am – 12pm	
12pm – 2pm	
2pm- 4pm	
4pm – 6pm	
Outros_____	

- Você foi eficiente com seu tempo? Explique

  - _____
    _____
    _____
    _____

- Você se sentiu ineficiente em alguma área? Explique

  - _____
    _____
    _____
    _____

- Quanto isso interferiu na sua capacidade de ser produtivo nas áreas e nas coisas que você precisava fazer?

  - _____
    _____
    _____
    _____

- O que você poderia ter feito diferente / melhor?

  - _____
    _____
    _____
    _____

- Que mudanças sugeridas você faria em meu Deus, meu plano, para garantir que você seja um administrador melhor do SEU tempo?

  - _____
    _____
    _____
    _____

BEM-VINDO AO DIA 11 DO NOVO VOCÊ

1 Timóteo 4:12 Almeida Revista e Corrigida 2009 (ARC)

12 Ninguém despreze a tua mocidade; mas sê o exemplo dos fiéis, na palavra, no trato, no amor, no espírito, na fé, na pureza.

Horário diário para refeição: acompanhe seu padrão alimentar nos próximos 30 dias.

- Hora de comer/lanche

  - Café da manhã _____

  - Lanche _____

  - Almoço _____

  - Lanche _____

  - Jantar _____

  - Lanche _____

- Como você se sente depois de comer?

  - Café da manhã

    □ _____
    _____
    _____
    _____

  - Almoço

    □ _____
    _____
    _____
    _____

- Jantar

  □ _____
    _____
    _____
    _____

- o Hora da sua última refeição

  - 12horas 13 horas 14 horas 15 horas 16 horas 17 horas
    18 horas 19 horas 20 horas 21 horas 22 horas 23 horas

Horário diário do exercício: Siga o seu padrão de exercícios pelos próximos 30 dias.

Objetivo a exercer:

_____
_____
_____
_____

- Saúde

  ■ _____
    _____
    _____
    _____
    _____

○ Ginástica

▪ _____
_____
_____
_____
_____

Hora do dia para o exercício - determine a hora do dia que melhor funciona para você. Você trabalha cedo ou tarde? Você tem mais energia de manhã ou à noite?

___ Mañana   ___ Medio Dia   ___ Noche

Ginásio ou espaço para treino

Qual é o espaço ideal para você? Pesquise na sua comunidade local e veja o que existe e o custo associado a cada opção. Você pode apenas andar pela manhã sem custo associado. Você pode precisar de mais responsabilidade para que as academias com aulas possam ser melhores. Além disso, você pode precisar e, se puder, pagar um personal trainer que estará esperando por você todos os dias para ir à academia ou à academia. O que funciona para você?

____ Academia pequena

____ Academia mista

____ Academia somente para mulheres

____ Piscina

____ Sem piscina

____ Outra _____

Tempo para descanso: saúde mental diária Siga seu padrão de saúde mental pelos próximos 30 dias. Sinta-se livre para adicionar mais linhas, conforme necessário.

Tempo	Lição de casa
6am – 8am	
8am – 10am	
10am – 12pm	
12pm – 2pm	
2pm- 4pm	
4pm – 6pm	
8pm – 10pm	
Outros _____	

Tempo para o estudo: Saúde espiritual diária: Siga seu padrão de saúde espiritual pelos próximos 30 dias.

Reserve um momento, defina uma meta na hora de estudar. Por que isso é importante? Se não for importante, tudo bem, esta seção pode não ser para você. No entanto, encorajo você: "Não bata até que você experimente".

Objetivos:

_____

_____

_____

_____

Que hora do dia é melhor reservar para isso?

___ Manhã cedo   ___ Tarde manhã   ___ Meio dia

___ Tarde   ___ Tarde noite

Quanto tempo você pode alocar responsavelmente para um estudo dedicado?

___ 30 min   ___ 1 hora   ___ 2 horas   ___ 3 horas   __ Outros

Quais são seus medos ao alocar tempo para estudar? (Seja transparente consigo mesmo, isso é sobre você, lembra?)

_____

_____

_____

_____

_____

_____

Isso é uma necessidade para você nesta estação da sua vida?

___ Sim   ___ Não   ___ Não tenho certeza

Hora de orar Saúde Espiritual Diária: Siga seu padrão de saúde de oração pelos próximos 30 dias.

Qual é o seu objetivo de oração? Você tem um Vamos admitir que isso não é uma prioridade para todos, especialmente se você não está com fome de intimidade com Deus. Se assim for, vamos falar sobre isso. Caso contrário, vamos falar sobre isso. De qualquer forma, esta anotação no diário esclarecerá o quanto você valoriza a oração e seu papel em seu plano de avançar.

Meu objetivo: Como é sua vida diária de oração?

_____

_____

_____

_____

A que hora do dia você faz uma pausa para orar? Onde você está quando faz isso?

- _____

- _____

- _____

Se você tiver dificuldades para começar, considere as etapas acima.

Tire todos os momentos intencionais necessários para concluir a próxima seção em forma de oração. É isso mesmo, escreva seus pontos de oração. Pratique até ter um ritmo ou um ritmo de buscar a Deus através da oração.

Você notará que vai deixar de pedir a Deus que faça coisas por você quando precisar e seguir para uma vida de oração de gratidão. Descobri que quanto mais agradeço, mais abençoado sou.

- Ore a Deus como seu pai, amigo, parceiro

  ○ Pai Celestial, Pai Deus, Pai, Senhor ... Você escolhe o que chamará:

  _____

  _____

  _____

  _____

- Lembre-se de que quando você ora, não está trazendo nada de novo. Não é como seu pai na terra, mas no céu.

  ○ _____

  _____

  _____

  _____

- Convide-o a estar presente em sua vida

  ○ _____

  _____

  _____

  _____

- Obrigado por ser seu fornecedor

  ○ _____

  _____

  _____

  _____

- Peça a graça de perdoar e deixar ir

_____

_____

_____

_____

_____

_____

Hora de trabalhar. Diario Salud Economica: Siga o seu padrão de saúde no Tabajo pelos próximos 30 dias. Acompanhe como você passa o dia!

CALENDÁRIO

Tempo	Lição de casa
6am – 8am	
8am – 10am	
10am – 12pm	
12pm – 2pm	
2pm- 4pm	
4pm – 6pm	
Outros _____	

- Você foi eficiente com seu tempo? Explique

  - _____
  _____
  _____
  _____

- Você se sentiu ineficiente em alguma área? Explique

  - _____
  _____
  _____
  _____

- Quanto isso interferiu na sua capacidade de ser produtivo nas áreas e nas coisas que você precisava fazer?

  - _____
  _____
  _____
  _____

- O que você poderia ter feito diferente / melhor?

  - _____
  _____
  _____
  _____

- Que mudanças sugeridas você faria em meu Deus, meu plano, para garantir que você seja um administrador melhor do SEU tempo?

  - _____
  _____
  _____
  _____

BEM-VINDO AO DIA 12 DO NOVO VOCÊ

Tito 2:7 Almeida Revista e Corrigida 2009 (ARC)

7 Em tudo, te dá por exemplo de boas obras; na doutrina, mostra incorrupção, gravidade, sinceridade.

Horário diário para refeição: acompanhe seu padrão alimentar nos próximos 30 dias.

- Hora de comer/lanche

  - Café da manhã _____

  - Lanche _____

  - Almoço _____

  - Lanche _____

  - Jantar _____

  - Lanche _____

- Como você se sente depois de comer?

  - Café da manhã

    - _____
      _____
      _____
      _____

  - Almoço

    - _____
      _____
      _____
      _____

- Jantar

  ▫ _____
  _____
  _____
  _____

- o Hora da sua última refeição

  - 12horas 13 horas 14 horas 15 horas 16 horas 17 horas
    18 horas 19 horas 20 horas 21 horas 22 horas 23 horas

Horário diário do exercício: Siga o seu padrão de exercícios pelos próximos 30 dias.

Objetivo a exercer:

_____
_____
_____
_____

- Saúde

  ▪ _____
  _____
  _____
  _____
  _____

∘ Ginástica

▪ _____
_____
_____
_____
_____

Hora do dia para o exercício - determine a hora do dia que melhor funciona para você. Você trabalha cedo ou tarde? Você tem mais energia de manhã ou à noite?

___ Mañana   ___ Medio Dia   ___ Noche

Ginásio ou espaço para treino

Qual é o espaço ideal para você? Pesquise na sua comunidade local e veja o que existe e o custo associado a cada opção. Você pode apenas andar pela manhã sem custo associado. Você pode precisar de mais responsabilidade para que as academias com aulas possam ser melhores. Além disso, você pode precisar e, se puder, pagar um personal trainer que estará esperando por você todos os dias para ir à academia ou à academia. O que funciona para você?

____ Academia pequena

____ Academia mista

____ Academia somente para mulheres

____ Piscina

____ Sem piscina

____ Outra _____

Tempo para descanso: saúde mental diária Siga seu padrão de saúde mental pelos próximos 30 dias. Sinta-se livre para adicionar mais linhas, conforme necessário.

Tempo	Lição de casa
6am – 8am	
8am – 10am	
10am – 12pm	
12pm – 2pm	
2pm- 4pm	
4pm – 6pm	
8pm – 10pm	
Outros _____	

Tempo para o estudo: Saúde espiritual diária: Siga seu padrão de saúde espiritual pelos próximos 30 dias.

Reserve um momento, defina uma meta na hora de estudar. Por que isso é importante? Se não for importante, tudo bem, esta seção pode não ser para você. No entanto, encorajo você: "Não bata até que você experimente".

Objetivos:

_____

_____

_____

_____

Que hora do dia é melhor reservar para isso?

___ Manhã cedo   ___ Tarde manhã   ___ Meio dia

___ Tarde   ___ Tarde noite

Quanto tempo você pode alocar responsavelmente para um estudo dedicado?

___ 30 min   ___ 1 hora   ___ 2 horas   ___ 3 horas   __ Outros

Quais são seus medos ao alocar tempo para estudar? (Seja transparente consigo mesmo, isso é sobre você, lembra?)

_____

_____

_____

_____

_____

_____

Isso é uma necessidade para você nesta estação da sua vida?

___ Sim   ___ Não   ___ Não tenho certeza

Hora de orar Saúde Espiritual Diária: Siga seu padrão de saúde de oração pelos próximos 30 dias.

Qual é o seu objetivo de oração? Você tem um Vamos admitir que isso não é uma prioridade para todos, especialmente se você não está com fome de intimidade com Deus. Se assim for, vamos falar sobre isso. Caso contrário, vamos falar sobre isso. De qualquer forma, esta anotação no diário esclarecerá o quanto você valoriza a oração e seu papel em seu plano de avançar.

Meu objetivo: Como é sua vida diária de oração?

_____

_____

_____

_____

A que hora do dia você faz uma pausa para orar? Onde você está quando faz isso?

- _____

- _____

- _____

Se você tiver dificuldades para começar, considere as etapas acima.

Tire todos os momentos intencionais necessários para concluir a próxima seção em forma de oração. É isso mesmo, escreva seus pontos de oração. Pratique até ter um ritmo ou um ritmo de buscar a Deus através da oração.

Você notará que vai deixar de pedir a Deus que faça coisas por você quando precisar e seguir para uma vida de oração de gratidão. Descobri que quanto mais agradeço, mais abençoado sou.

- Ore a Deus como seu pai, amigo, parceiro

  ○ Pai Celestial, Pai Deus, Pai, Senhor ... Você escolhe o que chamará:

  _____

  _____

  _____

  _____

- Lembre-se de que quando você ora, não está trazendo nada de novo. Não é como seu pai na terra, mas no céu.

  ○ _____

  _____

  _____

  _____

- Convide-o a estar presente em sua vida

  ○ _____

  _____

  _____

  _____

- Obrigado por ser seu fornecedor

  ○ _____

  _____

  _____

  _____

- Peça a graça de perdoar e deixar ir

_____
_____
_____
_____
_____
_____

Hora de trabalhar. Diario Salud Economica: Siga o seu padrão de saúde no Tabajo pelos próximos 30 dias. Acompanhe como você passa o dia!

CALENDÁRIO

Tempo	Lição de casa
6am – 8am	
8am – 10am	
10am – 12pm	
12pm – 2pm	
2pm- 4pm	
4pm – 6pm	
Outros _____	

- Você foi eficiente com seu tempo? Explique

  ○ _____
    _____
    _____
    _____

- Você se sentiu ineficiente em alguma área? Explique

  ○ _____
    _____
    _____
    _____

- Quanto isso interferiu na sua capacidade de ser produtivo nas áreas e nas coisas que você precisava fazer?

  ○ _____
    _____
    _____
    _____

- O que você poderia ter feito diferente / melhor?

  ○ _____
    _____
    _____
    _____

- Que mudanças sugeridas você faria em meu Deus, meu plano, para garantir que você seja um administrador melhor do SEU tempo?

  ○ _____
    _____
    _____
    _____

BEM-VINDO AO DIA 13 DO NOVO VOCÊ

Hebreus 12:2 Almeida Revista e Corrigida 2009 (ARC)

2 olhando para Jesus, autor e consumador da fé, o qual, pelo gozo que lhe estava proposto, suportou a cruz, desprezando a afronta, e assentou-se à destra do trono de Deus.

Horário diário para refeição: acompanhe seu padrão alimentar nos próximos 30 dias.

- Hora de comer/lanche
  - Café da manhã _____
  - Lanche _____
  - Almoço _____
  - Lanche _____
  - Jantar _____
  - Lanche _____

- Como você se sente depois de comer?
  - Café da manhã

    _____

    _____

    _____

    _____

  - Almoço

    _____

    _____

    _____

    _____

- Jantar

  - _____
    _____
    _____
    _____

- o Hora da sua última refeição

  - 12horas 13 horas 14 horas 15 horas 16 horas 17 horas
    18 horas 19 horas 20 horas 21 horas 22 horas 23 horas

Horário diário do exercício: Siga o seu padrão de exercícios pelos próximos 30 dias.

Objetivo a exercer:

_____
_____
_____
_____

- Saúde

  - _____
    _____
    _____
    _____
    _____

    ◦ Ginástica

      ■ _____

       _____

       _____

       _____

       _____

Hora do dia para o exercício - determine a hora do dia que melhor funciona para você. Você trabalha cedo ou tarde? Você tem mais energia de manhã ou à noite?

___ Mañana   ___ Medio Dia   ___ Noche

Ginásio ou espaço para treino

Qual é o espaço ideal para você? Pesquise na sua comunidade local e veja o que existe e o custo associado a cada opção. Você pode apenas andar pela manhã sem custo associado. Você pode precisar de mais responsabilidade para que as academias com aulas possam ser melhores. Além disso, você pode precisar e, se puder, pagar um personal trainer que estará esperando por você todos os dias para ir à academia ou à academia. O que funciona para você?

____ Academia pequena

____ Academia mista

____ Academia somente para mulheres

____ Piscina

____ Sem piscina

____ Outra _____

Tempo para descanso: saúde mental diária Siga seu padrão de saúde mental pelos próximos 30 dias. Sinta-se livre para adicionar mais linhas, conforme necessário.

Tempo	Lição de casa
6am – 8am	
8am – 10am	
10am – 12pm	
12pm – 2pm	
2pm- 4pm	
4pm – 6pm	
8pm – 10pm	
Outros _____	

Tempo para o estudo: Saúde espiritual diária: Siga seu padrão de saúde espiritual pelos próximos 30 dias.

Reserve um momento, defina uma meta na hora de estudar. Por que isso é importante? Se não for importante, tudo bem, esta seção pode não ser para você. No entanto, encorajo você: "Não bata até que você experimente".

Objetivos:

_____

_____

_____

_____

MEU DEUS, NOSSO PLANO

Que hora do dia é melhor reservar para isso?

___ Manhã cedo   ___ Tarde manhã   ___ Meio dia

___ Tarde   ___ Tarde noite

Quanto tempo você pode alocar responsavelmente para um estudo dedicado?

___ 30 min   ___ 1 hora   ___ 2 horas   ___ 3 horas   __ Outros

Quais são seus medos ao alocar tempo para estudar? (Seja transparente consigo mesmo, isso é sobre você, lembra?)

_____

_____

_____

_____

_____

_____

Isso é uma necessidade para você nesta estação da sua vida?

___ Sim   ___ Não   ___ Não tenho certeza

Hora de orar Saúde Espiritual Diária: Siga seu padrão de saúde de oração pelos próximos 30 dias.

Qual é o seu objetivo de oração? Você tem um Vamos admitir que isso não é uma prioridade para todos, especialmente se você não está com fome de intimidade com Deus. Se assim for, vamos falar sobre isso. Caso contrário, vamos falar sobre isso. De qualquer forma, esta anotação no diário esclarecerá o quanto você valoriza a oração e seu papel em seu plano de avançar.

Meu objetivo: Como é sua vida diária de oração?

_____

_____

_____

_____

A que hora do dia você faz uma pausa para orar? Onde você está quando faz isso?

- _____

- _____

- _____

Se você tiver dificuldades para começar, considere as etapas acima.

Tire todos os momentos intencionais necessários para concluir a próxima seção em forma de oração. É isso mesmo, escreva seus pontos de oração. Pratique até ter um ritmo ou um ritmo de buscar a Deus através da oração.

Você notará que vai deixar de pedir a Deus que faça coisas por você quando precisar e seguir para uma vida de oração de gratidão. Descobri que quanto mais agradeço, mais abençoado sou.

- Ore a Deus como seu pai, amigo, parceiro

  ◦ Pai Celestial, Pai Deus, Pai, Senhor ... Você escolhe o que chamará:

  _____
  _____
  _____
  _____

- Lembre-se de que quando você ora, não está trazendo nada de novo. Não é como seu pai na terra, mas no céu.

  ◦ _____
  _____
  _____
  _____

- Convide-o a estar presente em sua vida

  ◦ _____
  _____
  _____
  _____

- Obrigado por ser seu fornecedor

  ◦ _____
  _____
  _____
  _____

- Peça a graça de perdoar e deixar ir

_____

_____

_____

_____

_____

Hora de trabalhar. Diario Salud Economica: Siga o seu padrão de saúde no Tabajo pelos próximos 30 dias. Acompanhe como você passa o dia!

CALENDÁRIO

Tempo	Lição de casa
6am – 8am	
8am – 10am	
10am – 12pm	
12pm – 2pm	
2pm- 4pm	
4pm – 6pm	
Outros _____	

- Você foi eficiente com seu tempo? Explique

  o _____
  _____
  _____
  _____

- Você se sentiu ineficiente em alguma área? Explique

  o _____
  _____
  _____
  _____

- Quanto isso interferiu na sua capacidade de ser produtivo nas áreas e nas coisas que você precisava fazer?

  o _____
  _____
  _____
  _____

- O que você poderia ter feito diferente / melhor?

  o _____
  _____
  _____
  _____

- Que mudanças sugeridas você faria em meu Deus, meu plano, para garantir que você seja um administrador melhor do SEU tempo?

  o _____
  _____
  _____
  _____

BEM-VINDO AO DIA 14 DO NOVO VOCÊ

Salmos 16:8 Almeida Revista e Corrigida 2009 (ARC)

8 Tenho posto o Senhor continuamente diante de mim; por isso que ele está à minha mão direita, nunca vacilarei.

Horário diário para refeição: acompanhe seu padrão alimentar nos próximos 30 dias.

- Hora de comer/lanche
  - Café da manhã _____
  - Lanche _____
  - Almoço _____
  - Lanche _____
  - Jantar _____
  - Lanche _____

- Como você se sente depois de comer?
  - Café da manhã
    - _____
      _____
      _____
      _____

  - Almoço
    - _____
      _____
      _____
      _____

- Jantar

  □ _____
  _____
  _____
  _____

- o Hora da sua última refeição

  - 12horas 13 horas 14 horas 15 horas 16 horas 17 horas
    18 horas 19 horas 20 horas 21 horas 22 horas 23 horas

Horário diário do exercício: Siga o seu padrão de exercícios pelos próximos 30 dias.

Objetivo a exercer:

_____
_____
_____
_____

- Saúde

  ■ _____
  _____
  _____
  _____
  _____

◦ Ginástica

▪ _____
_____
_____
_____
_____

Hora do dia para o exercício - determine a hora do dia que melhor funciona para você. Você trabalha cedo ou tarde? Você tem mais energia de manhã ou à noite?

___ Mañana ___ Medio Dia ___ Noche

Ginásio ou espaço para treino

Qual é o espaço ideal para você? Pesquise na sua comunidade local e veja o que existe e o custo associado a cada opção. Você pode apenas andar pela manhã sem custo associado. Você pode precisar de mais responsabilidade para que as academias com aulas possam ser melhores. Além disso, você pode precisar e, se puder, pagar um personal trainer que estará esperando por você todos os dias para ir à academia ou à academia. O que funciona para você?

____ Academia pequena

____ Academia mista

____ Academia somente para mulheres

____ Piscina

____ Sem piscina

____ Outra _____

Tempo para descanso: saúde mental diária Siga seu padrão de saúde mental pelos próximos 30 dias. Sinta-se livre para adicionar mais linhas, conforme necessário.

Tempo	Lição de casa
6am – 8am	
8am – 10am	
10am – 12pm	
12pm – 2pm	
2pm- 4pm	
4pm – 6pm	
8pm – 10pm	
Outros _____	

Tempo para o estudo: Saúde espiritual diária: Siga seu padrão de saúde espiritual pelos próximos 30 dias.

Reserve um momento, defina uma meta na hora de estudar. Por que isso é importante? Se não for importante, tudo bem, esta seção pode não ser para você. No entanto, encorajo você: "Não bata até que você experimente".

Objetivos:

_____

_____

_____

_____

Que hora do dia é melhor reservar para isso?

___ Manhã cedo   ___ Tarde manhã   ___ Meio dia

___ Tarde   ___ Tarde noite

Quanto tempo você pode alocar responsavelmente para um estudo dedicado?

___ 30 min   ___ 1 hora   ___ 2 horas   ___ 3 horas   __ Outros

Quais são seus medos ao alocar tempo para estudar? (Seja transparente consigo mesmo, isso é sobre você, lembra?)

_____

_____

_____

_____

_____

_____

Isso é uma necessidade para você nesta estação da sua vida?

___ Sim   ___ Não   ___ Não tenho certeza

Hora de orar Saúde Espiritual Diária: Siga seu padrão de saúde de oração pelos próximos 30 dias.

Qual é o seu objetivo de oração? Você tem um Vamos admitir que isso não é uma prioridade para todos, especialmente se você não está com fome de intimidade com Deus. Se assim for, vamos falar sobre isso. Caso contrário, vamos falar sobre isso. De qualquer forma, esta anotação no diário esclarecerá o quanto você valoriza a oração e seu papel em seu plano de avançar.

Meu objetivo: Como é sua vida diária de oração?

_____

_____

_____

_____

A que hora do dia você faz uma pausa para orar? Onde você está quando faz isso?

- _____

- _____

- _____

Se você tiver dificuldades para começar, considere as etapas acima.

Tire todos os momentos intencionais necessários para concluir a próxima seção em forma de oração. É isso mesmo, escreva seus pontos de oração. Pratique até ter um ritmo ou um ritmo de buscar a Deus através da oração.

Você notará que vai deixar de pedir a Deus que faça coisas por você quando precisar e seguir para uma vida de oração de gratidão. Descobri que quanto mais agradeço, mais abençoado sou.

- Ore a Deus como seu pai, amigo, parceiro

  - Pai Celestial, Pai Deus, Pai, Senhor ... Você escolhe o que chamará:

    _____
    _____
    _____
    _____

- Lembre-se de que quando você ora, não está trazendo nada de novo. Não é como seu pai na terra, mas no céu.

  - _____
    _____
    _____
    _____

- Convide-o a estar presente em sua vida

  - _____
    _____
    _____
    _____

- Obrigado por ser seu fornecedor

  - _____
    _____
    _____
    _____

- Peça a graça de perdoar e deixar ir

_____

_____

_____

_____

_____

_____

Hora de trabalhar. Diario Salud Economica: Siga o seu padrão de saúde no Tabajo pelos próximos 30 dias. Acompanhe como você passa o dia!

CALENDÁRIO

Tempo	Lição de casa
6am – 8am	
8am – 10am	
10am – 12pm	
12pm – 2pm	
2pm- 4pm	
4pm – 6pm	
Outros _____	

- Você foi eficiente com seu tempo? Explique

  o _____
  _____
  _____
  _____

- Você se sentiu ineficiente em alguma área? Explique

  o _____
  _____
  _____
  _____

- Quanto isso interferiu na sua capacidade de ser produtivo nas áreas e nas coisas que você precisava fazer?

  o _____
  _____
  _____
  _____

- O que você poderia ter feito diferente / melhor?

  o _____
  _____
  _____
  _____

- Que mudanças sugeridas você faria em meu Deus, meu plano, para garantir que você seja um administrador melhor do SEU tempo?

  o _____
  _____
  _____
  _____

BEM-VINDO AO DIA 15 DO NOVO VOCÊ

2 Timóteo 2:5 Almeida Revista e Corrigida 2009 (ARC)

5 E, se alguém também milita, não é coroado se não militar
legitimamente.

Horário diário para refeição: acompanhe seu padrão alimentar nos
próximos 30 dias.

- ○ Hora de comer/lanche

  - ▪ Café da manhã _____

  - ▪ Lanche _____

  - ▪ Almoço _____

  - ▪ Lanche _____

  - ▪ Jantar _____

  - ▪ Lanche _____

- ○ Como você se sente depois de comer?

  - ▪ Café da manhã

    - □ _____
      _____
      _____
      _____

  - ▪ Almoço

    - □ _____
      _____
      _____
      _____

- Jantar

  □ _____
  _____
  _____
  _____

- o Hora da sua última refeição

  - 12horas 13 horas 14 horas 15 horas 16 horas 17 horas
    18 horas 19 horas 20 horas 21 horas 22 horas 23 horas

Horário diário do exercício: Siga o seu padrão de exercícios pelos próximos 30 dias.

Objetivo a exercer:

_____
_____
_____
_____

- Saúde

  ■ _____
  _____
  _____
  _____
  _____

- ◦ Ginástica

  ▪ _____
  _____
  _____
  _____
  _____

Hora do dia para o exercício - determine a hora do dia que melhor funciona para você. Você trabalha cedo ou tarde? Você tem mais energia de manhã ou à noite?

___ Mañana   ___ Medio Dia   ___ Noche

Ginásio ou espaço para treino

Qual é o espaço ideal para você? Pesquise na sua comunidade local e veja o que existe e o custo associado a cada opção. Você pode apenas andar pela manhã sem custo associado. Você pode precisar de mais responsabilidade para que as academias com aulas possam ser melhores. Além disso, você pode precisar e, se puder, pagar um personal trainer que estará esperando por você todos os dias para ir à academia ou à academia. O que funciona para você?

____ Academia pequena

____ Academia mista

____ Academia somente para mulheres

____ Piscina

____ Sem piscina

____ Outra _____

Tempo para descanso: saúde mental diária Siga seu padrão de saúde mental pelos próximos 30 dias. Sinta-se livre para adicionar mais linhas, conforme necessário.

Tempo	Lição de casa
6am – 8am	
8am – 10am	
10am – 12pm	
12pm – 2pm	
2pm- 4pm	
4pm – 6pm	
8pm – 10pm	
Outros _____	

Tempo para o estudo: Saúde espiritual diária: Siga seu padrão de saúde espiritual pelos próximos 30 dias.

Reserve um momento, defina uma meta na hora de estudar. Por que isso é importante? Se não for importante, tudo bem, esta seção pode não ser para você. No entanto, encorajo você: "Não bata até que você experimente".

Objetivos:

_____

_____

_____

_____

Que hora do dia é melhor reservar para isso?

___ Manhã cedo   ___ Tarde manhã   ___ Meio dia

___ Tarde   ___ Tarde noite

Quanto tempo você pode alocar responsavelmente para um estudo dedicado?

___ 30 min   ___ 1 hora   ___ 2 horas   ___ 3 horas   __ Outros

Quais são seus medos ao alocar tempo para estudar? (Seja transparente consigo mesmo, isso é sobre você, lembra?)

_____

_____

_____

_____

_____

_____

Isso é uma necessidade para você nesta estação da sua vida?

___ Sim   ___ Não   ___ Não tenho certeza

Hora de orar Saúde Espiritual Diária: Siga seu padrão de saúde de
oração pelos próximos 30 dias.

Qual é o seu objetivo de oração? Você tem um Vamos admitir que isso
não é uma prioridade para todos, especialmente se você não está com
fome de intimidade com Deus. Se assim for, vamos falar sobre isso. Caso
contrário, vamos falar sobre isso. De qualquer forma, esta anotação no
diário esclarecerá o quanto você valoriza a oração e seu papel em seu
plano de avançar.

Meu objetivo: Como é sua vida diária de oração?

_____

_____

_____

_____

A que hora do dia você faz uma pausa para orar? Onde você está quando
faz isso?

- _____

- _____

- _____

Se você tiver dificuldades para começar, considere as etapas acima.

Tire todos os momentos intencionais necessários para concluir a próxima
seção em forma de oração. É isso mesmo, escreva seus pontos de oração.
Pratique até ter um ritmo ou um ritmo de buscar a Deus através da oração.

Você notará que vai deixar de pedir a Deus que faça coisas por você
quando precisar e seguir para uma vida de oração de gratidão. Descobri
que quanto mais agradeço, mais abençoado sou.

- Ore a Deus como seu pai, amigo, parceiro

  ◦ Pai Celestial, Pai Deus, Pai, Senhor ... Você escolhe o que chamará:

  _____

  _____

  _____

  _____

- Lembre-se de que quando você ora, não está trazendo nada de novo. Não é como seu pai na terra, mas no céu.

  ◦ _____

  _____

  _____

  _____

- Convide-o a estar presente em sua vida

  ◦ _____

  _____

  _____

  _____

- Obrigado por ser seu fornecedor

  ◦ _____

  _____

  _____

  _____

- Peça a graça de perdoar e deixar ir

_____

_____

_____

_____

_____

_____

Hora de trabalhar. Diario Salud Economica: Siga o seu padrão de saúde no Tabajo pelos próximos 30 dias. Acompanhe como você passa o dia!

CALENDÁRIO

Tempo	Lição de casa
6am – 8am	
8am – 10am	
10am – 12pm	
12pm – 2pm	
2pm- 4pm	
4pm – 6pm	
Outros _____	

- Você foi eficiente com seu tempo? Explique

  o _____

  _____

  _____

  _____

- Você se sentiu ineficiente em alguma área? Explique

  o _____

  _____

  _____

  _____

- Quanto isso interferiu na sua capacidade de ser produtivo nas áreas e nas coisas que você precisava fazer?

  o _____

  _____

  _____

  _____

- O que você poderia ter feito diferente / melhor?

  o _____

  _____

  _____

  _____

- Que mudanças sugeridas você faria em meu Deus, meu plano, para garantir que você seja um administrador melhor do SEU tempo?

  o _____

  _____

  _____

  _____

BEM-VINDO AO DIA 16 DO NOVO VOCÊ

Filipenses 4:13 Almeida Revista e Corrigida 2009 (ARC)

13 Posso todas as coisas naquele que me fortalece.

Horário diário para refeição: acompanhe seu padrão alimentar nos próximos 30 dias.

- Hora de comer/lanche

  - Café da manhã _____

  - Lanche _____

  - Almoço _____

  - Lanche _____

  - Jantar _____

  - Lanche _____

- Como você se sente depois de comer?

  - Café da manhã

    - _____
      _____
      _____
      _____

  - Almoço

    - _____
      _____
      _____
      _____

- Jantar

  □ _____
  _____
  _____
  _____

- o Hora da sua última refeição

  - 12horas 13 horas 14 horas 15 horas 16 horas 17 horas
    18 horas 19 horas 20 horas 21 horas 22 horas 23 horas

Horário diário do exercício: Siga o seu padrão de exercícios pelos próximos 30 dias.

Objetivo a exercer:

_____
_____
_____
_____

- Saúde

  ■ _____
  _____
  _____
  _____
  _____

◦ Ginástica

- _____
  _____
  _____
  _____
  _____

Hora do dia para o exercício - determine a hora do dia que melhor funciona para você. Você trabalha cedo ou tarde? Você tem mais energia de manhã ou à noite?

___ Mañana   ___ Medio Dia   ___ Noche

Ginásio ou espaço para treino

Qual é o espaço ideal para você? Pesquise na sua comunidade local e veja o que existe e o custo associado a cada opção. Você pode apenas andar pela manhã sem custo associado. Você pode precisar de mais responsabilidade para que as academias com aulas possam ser melhores. Além disso, você pode precisar e, se puder, pagar um personal trainer que estará esperando por você todos os dias para ir à academia ou à academia. O que funciona para você?

____ Academia pequena

____ Academia mista

____ Academia somente para mulheres

____ Piscina

____ Sem piscina

____ Outra _____

Tempo para descanso: saúde mental diária Siga seu padrão de saúde mental pelos próximos 30 dias. Sinta-se livre para adicionar mais linhas, conforme necessário.

Tempo	Lição de casa
6am – 8am	
8am – 10am	
10am – 12pm	
12pm – 2pm	
2pm- 4pm	
4pm – 6pm	
8pm – 10pm	
Outros_____	

Tempo para o estudo: Saúde espiritual diária: Siga seu padrão de saúde espiritual pelos próximos 30 dias.

Reserve um momento, defina uma meta na hora de estudar. Por que isso é importante? Se não for importante, tudo bem, esta seção pode não ser para você. No entanto, encorajo você: "Não bata até que você experimente".

Objetivos:

_____

_____

_____

_____

Que hora do dia é melhor reservar para isso?

___ Manhã cedo   ___ Tarde manhã   ___ Meio dia

___ Tarde   ___ Tarde noite

Quanto tempo você pode alocar responsavelmente para um estudo dedicado?

___ 30 min   ___ 1 hora   ___ 2 horas   ___ 3 horas   __ Outros

Quais são seus medos ao alocar tempo para estudar? (Seja transparente consigo mesmo, isso é sobre você, lembra?)

_____

_____

_____

_____

_____

_____

Isso é uma necessidade para você nesta estação da sua vida?

___ Sim   ___ Não   ___ Não tenho certeza

Hora de orar Saúde Espiritual Diária: Siga seu padrão de saúde de oração pelos próximos 30 dias.

Qual é o seu objetivo de oração? Você tem um Vamos admitir que isso não é uma prioridade para todos, especialmente se você não está com fome de intimidade com Deus. Se assim for, vamos falar sobre isso. Caso contrário, vamos falar sobre isso. De qualquer forma, esta anotação no diário esclarecerá o quanto você valoriza a oração e seu papel em seu plano de avançar.

Meu objetivo: Como é sua vida diária de oração?

_____

_____

_____

_____

A que hora do dia você faz uma pausa para orar? Onde você está quando faz isso?

- _____

- _____

- _____

Se você tiver dificuldades para começar, considere as etapas acima.

Tire todos os momentos intencionais necessários para concluir a próxima seção em forma de oração. É isso mesmo, escreva seus pontos de oração. Pratique até ter um ritmo ou um ritmo de buscar a Deus através da oração.

Você notará que vai deixar de pedir a Deus que faça coisas por você quando precisar e seguir para uma vida de oração de gratidão. Descobri que quanto mais agradeço, mais abençoado sou.

- Ore a Deus como seu pai, amigo, parceiro

  ○ Pai Celestial, Pai Deus, Pai, Senhor ... Você escolhe o que chamará:

  _____

  _____

  _____

  _____

- Lembre-se de que quando você ora, não está trazendo nada de novo. Não é como seu pai na terra, mas no céu.

  ○ _____

  _____

  _____

  _____

- Convide-o a estar presente em sua vida

  ○ _____

  _____

  _____

  _____

- Obrigado por ser seu fornecedor

  ○ _____

  _____

  _____

  _____

- Peça a graça de perdoar e deixar ir

_____

_____

_____

_____

_____

_____

Hora de trabalhar. Diario Salud Economica: Siga o seu padrão de saúde no Tabajo pelos próximos 30 dias. Acompanhe como você passa o dia!

CALENDÁRIO

Tempo	Lição de casa
6am – 8am	
8am – 10am	
10am – 12pm	
12pm – 2pm	
2pm- 4pm	
4pm – 6pm	
Outros_____	

- Você foi eficiente com seu tempo? Explique

  o _____
  _____
  _____
  _____

- Você se sentiu ineficiente em alguma área? Explique

  o _____
  _____
  _____
  _____

- Quanto isso interferiu na sua capacidade de ser produtivo nas áreas e nas coisas que você precisava fazer?

  o _____
  _____
  _____
  _____

- O que você poderia ter feito diferente / melhor?

  o _____
  _____
  _____
  _____

- Que mudanças sugeridas você faria em meu Deus, meu plano, para garantir que você seja um administrador melhor do SEU tempo?

  o _____
  _____
  _____
  _____

BEM-VINDO AO DIA 17 DO NOVO VOCÊ

1 Samuel 12:24 Almeida Revista e Corrigida 2009 (ARC)

24 Tão somente temei ao Senhor e servi-o fielmente com todo o vosso coração, porque vede quão grandiosas coisas vos fez.

Horário diário para refeição: acompanhe seu padrão alimentar nos próximos 30 dias.

- Hora de comer/lanche

  - Café da manhã _____

  - Lanche _____

  - Almoço _____

  - Lanche _____

  - Jantar _____

  - Lanche _____

- Como você se sente depois de comer?

  - Café da manhã

    - _____
      _____
      _____
      _____

  - Almoço

    - _____
      _____
      _____
      _____

- Jantar

  □ _____
  _____
  _____
  _____

- o Hora da sua última refeição

  - 12horas 13 horas 14 horas 15 horas 16 horas 17 horas
    18 horas 19 horas 20 horas 21 horas 22 horas 23 horas

Horário diário do exercício: Siga o seu padrão de exercícios pelos próximos 30 dias.

Objetivo a exercer:

_____
_____
_____
_____

- Saúde

  ■ _____
  _____
  _____
  _____
  _____

○ Ginástica

■ _____
_____
_____
_____
_____

Hora do dia para o exercício - determine a hora do dia que melhor funciona para você. Você trabalha cedo ou tarde? Você tem mais energia de manhã ou à noite?

___ Mañana   ___ Medio Dia   ___ Noche

Ginásio ou espaço para treino

Qual é o espaço ideal para você? Pesquise na sua comunidade local e veja o que existe e o custo associado a cada opção. Você pode apenas andar pela manhã sem custo associado. Você pode precisar de mais responsabilidade para que as academias com aulas possam ser melhores. Além disso, você pode precisar e, se puder, pagar um personal trainer que estará esperando por você todos os dias para ir à academia ou à academia. O que funciona para você?

_____ Academia pequena

_____ Academia mista

_____ Academia somente para mulheres

_____ Piscina

_____ Sem piscina

_____ Outra _____

Tempo para descanso: saúde mental diária Siga seu padrão de saúde mental pelos próximos 30 dias. Sinta-se livre para adicionar mais linhas, conforme necessário.

Tempo	Lição de casa
6am – 8am	
8am – 10am	
10am – 12pm	
12pm – 2pm	
2pm- 4pm	
4pm – 6pm	
8pm – 10pm	
Outros_____	

Tempo para o estudo: Saúde espiritual diária: Siga seu padrão de saúde espiritual pelos próximos 30 dias.

Reserve um momento, defina uma meta na hora de estudar. Por que isso é importante? Se não for importante, tudo bem, esta seção pode não ser para você. No entanto, encorajo você: "Não bata até que você experimente".

Objetivos:

_____

_____

_____

_____

Que hora do dia é melhor reservar para isso?

___ Manhã cedo   ___ Tarde manhã   ___ Meio dia

___ Tarde   ___ Tarde noite

Quanto tempo você pode alocar responsavelmente para um estudo dedicado?

___ 30 min   ___ 1 hora   ___ 2 horas   ___ 3 horas   __ Outros

Quais são seus medos ao alocar tempo para estudar? (Seja transparente consigo mesmo, isso é sobre você, lembra?)

_____

_____

_____

_____

_____

_____

Isso é uma necessidade para você nesta estação da sua vida?

___ Sim   ___ Não   ___ Não tenho certeza

Hora de orar Saúde Espiritual Diária: Siga seu padrão de saúde de oração pelos próximos 30 dias.

Qual é o seu objetivo de oração? Você tem um Vamos admitir que isso não é uma prioridade para todos, especialmente se você não está com fome de intimidade com Deus. Se assim for, vamos falar sobre isso. Caso contrário, vamos falar sobre isso. De qualquer forma, esta anotação no diário esclarecerá o quanto você valoriza a oração e seu papel em seu plano de avançar.

Meu objetivo: Como é sua vida diária de oração?

_____

_____

_____

_____

A que hora do dia você faz uma pausa para orar? Onde você está quando faz isso?

- _____

- _____

- _____

Se você tiver dificuldades para começar, considere as etapas acima.

Tire todos os momentos intencionais necessários para concluir a próxima seção em forma de oração. É isso mesmo, escreva seus pontos de oração. Pratique até ter um ritmo ou um ritmo de buscar a Deus através da oração.

Você notará que vai deixar de pedir a Deus que faça coisas por você quando precisar e seguir para uma vida de oração de gratidão. Descobri que quanto mais agradeço, mais abençoado sou.

- Ore a Deus como seu pai, amigo, parceiro

  ◦ Pai Celestial, Pai Deus, Pai, Senhor ... Você escolhe o que chamará:

  _____
  _____
  _____
  _____

- Lembre-se de que quando você ora, não está trazendo nada de novo. Não é como seu pai na terra, mas no céu.

  ◦ _____
  _____
  _____
  _____

- Convide-o a estar presente em sua vida

  ◦ _____
  _____
  _____
  _____

- Obrigado por ser seu fornecedor

  ◦ _____
  _____
  _____
  _____

- Peça a graça de perdoar e deixar ir

_____

_____

_____

_____

_____

_____

Hora de trabalhar. Diario Salud Economica: Siga o seu padrão de saúde no Tabajo pelos próximos 30 dias. Acompanhe como você passa o dia!

CALENDÁRIO

Tempo	Lição de casa
6am – 8am	
8am – 10am	
10am – 12pm	
12pm – 2pm	
2pm- 4pm	
4pm – 6pm	
Outros_____	

- Você foi eficiente com seu tempo? Explique

  o _____
  _____
  _____
  _____

- Você se sentiu ineficiente em alguma área? Explique

  o _____
  _____
  _____
  _____

- Quanto isso interferiu na sua capacidade de ser produtivo nas áreas e nas coisas que você precisava fazer?

  o _____
  _____
  _____
  _____

- O que você poderia ter feito diferente / melhor?

  o _____
  _____
  _____
  _____

- Que mudanças sugeridas você faria em meu Deus, meu plano, para garantir que você seja um administrador melhor do SEU tempo?

  o _____
  _____
  _____
  _____

BEM-VINDO AO DIA 18 DO NOVO VOCÊ

2 Crônicas 15:7 Almeida Revista e Corrigida 2009 (ARC)

7 Mas esforçai-vos, e não desfaleçam as vossas mãos, porque a vossa obra tem uma recompensa.

Horário diário para refeição: acompanhe seu padrão alimentar nos próximos 30 dias.

- Hora de comer/lanche

  - Café da manhã _____

  - Lanche _____

  - Almoço _____

  - Lanche _____

  - Jantar _____

  - Lanche _____

- Como você se sente depois de comer?

  - Café da manhã

    - _____
      _____
      _____
      _____

  - Almoço

    - _____
      _____
      _____
      _____

- Jantar

  □ _____
  _____
  _____
  _____

- o Hora da sua última refeição

  - 12horas 13 horas 14 horas 15 horas 16 horas 17 horas
    18 horas 19 horas 20 horas 21 horas 22 horas 23 horas

Horário diário do exercício: Siga o seu padrão de exercícios pelos próximos 30 dias.

Objetivo a exercer:

_____
_____
_____
_____

- Saúde

  ■ _____
  _____
  _____
  _____
  _____

◦ Ginástica

▪ _____
_____
_____
_____
_____

Hora do dia para o exercício - determine a hora do dia que melhor funciona para você. Você trabalha cedo ou tarde? Você tem mais energia de manhã ou à noite?

___ Mañana   ___ Medio Dia   ___ Noche

Ginásio ou espaço para treino

Qual é o espaço ideal para você? Pesquise na sua comunidade local e veja o que existe e o custo associado a cada opção. Você pode apenas andar pela manhã sem custo associado. Você pode precisar de mais responsabilidade para que as academias com aulas possam ser melhores. Além disso, você pode precisar e, se puder, pagar um personal trainer que estará esperando por você todos os dias para ir à academia ou à academia. O que funciona para você?

_____ Academia pequena

_____ Academia mista

_____ Academia somente para mulheres

_____ Piscina

_____ Sem piscina

_____ Outra _____

Tempo para descanso: saúde mental diária Siga seu padrão de saúde mental pelos próximos 30 dias. Sinta-se livre para adicionar mais linhas, conforme necessário.

Tempo	Lição de casa
6am – 8am	
8am – 10am	
10am – 12pm	
12pm – 2pm	
2pm- 4pm	
4pm – 6pm	
8pm – 10pm	
Outros_____	

Tempo para o estudo: Saúde espiritual diária: Siga seu padrão de saúde espiritual pelos próximos 30 dias.

Reserve um momento, defina uma meta na hora de estudar. Por que isso é importante? Se não for importante, tudo bem, esta seção pode não ser para você. No entanto, encorajo você: "Não bata até que você experimente".

Objetivos:

_____

_____

_____

_____

Que hora do dia é melhor reservar para isso?

___ Manhã cedo   ___ Tarde manhã   ___ Meio dia

___ Tarde   ___ Tarde noite

Quanto tempo você pode alocar responsavelmente para um estudo dedicado?

___ 30 min   ___ 1 hora   ___ 2 horas   ___ 3 horas   __ Outros

Quais são seus medos ao alocar tempo para estudar? (Seja transparente consigo mesmo, isso é sobre você, lembra?)

_____

_____

_____

_____

_____

_____

Isso é uma necessidade para você nesta estação da sua vida?

___ Sim   ___ Não   ___ Não tenho certeza

Hora de orar Saúde Espiritual Diária: Siga seu padrão de saúde de oração pelos próximos 30 dias.

Qual é o seu objetivo de oração? Você tem um Vamos admitir que isso não é uma prioridade para todos, especialmente se você não está com fome de intimidade com Deus. Se assim for, vamos falar sobre isso. Caso contrário, vamos falar sobre isso. De qualquer forma, esta anotação no diário esclarecerá o quanto você valoriza a oração e seu papel em seu plano de avançar.

Meu objetivo: Como é sua vida diária de oração?

_____

_____

_____

_____

A que hora do dia você faz uma pausa para orar? Onde você está quando faz isso?

- _____

- _____

- _____

Se você tiver dificuldades para começar, considere as etapas acima.

Tire todos os momentos intencionais necessários para concluir a próxima seção em forma de oração. É isso mesmo, escreva seus pontos de oração. Pratique até ter um ritmo ou um ritmo de buscar a Deus através da oração.

Você notará que vai deixar de pedir a Deus que faça coisas por você quando precisar e seguir para uma vida de oração de gratidão. Descobri que quanto mais agradeço, mais abençoado sou.

- Ore a Deus como seu pai, amigo, parceiro

  - Pai Celestial, Pai Deus, Pai, Senhor ... Você escolhe o que chamará:

    _____
    _____
    _____
    _____

- Lembre-se de que quando você ora, não está trazendo nada de novo. Não é como seu pai na terra, mas no céu.

  - _____
    _____
    _____
    _____

- Convide-o a estar presente em sua vida

  - _____
    _____
    _____
    _____

- Obrigado por ser seu fornecedor

  - _____
    _____
    _____
    _____

- Peça a graça de perdoar e deixar ir

_____

_____

_____

_____

_____

_____

Hora de trabalhar. Diario Salud Economica: Siga o seu padrão de saúde no Tabajo pelos próximos 30 dias. Acompanhe como você passa o dia!

CALENDÁRIO

Tempo	Lição de casa
6am – 8am	
8am – 10am	
10am – 12pm	
12pm – 2pm	
2pm- 4pm	
4pm – 6pm	
Outros _____	

- Você foi eficiente com seu tempo? Explique

  o _____
    _____
    _____
    _____

- Você se sentiu ineficiente em alguma área? Explique

  o _____
    _____
    _____
    _____

- Quanto isso interferiu na sua capacidade de ser produtivo nas áreas e nas coisas que você precisava fazer?

  o _____
    _____
    _____
    _____

- O que você poderia ter feito diferente / melhor?

  o _____
    _____
    _____
    _____

- Que mudanças sugeridas você faria em meu Deus, meu plano, para garantir que você seja um administrador melhor do SEU tempo?

  o _____
    _____
    _____
    _____

BEM-VINDO AO DIA 19 DO NOVO VOCÊ

Isaías 41:10 Almeida Revista e Corrigida 2009 (ARC)

10 não temas, porque eu sou contigo; não te assombres, porque eu sou o teu Deus; eu te esforço, e te ajudo, e te sustento com a destra da minha justiça.

Horário diário para refeição: acompanhe seu padrão alimentar nos próximos 30 dias.

- ◦ Hora de comer/lanche
  - ▪ Café da manhã _____
  - ▪ Lanche _____
  - ▪ Almoço _____
  - ▪ Lanche _____
  - ▪ Jantar _____
  - ▪ Lanche _____
- ◦ Como você se sente depois de comer?
  - ▪ Café da manhã
    - ▫ _____
      _____
      _____
      _____
  - ▪ Almoço
    - ▫ _____
      _____
      _____
      _____

- Jantar

  ▫ _____
    _____
    _____
    _____

  ◦ o Hora da sua última refeição

    • 12horas 13 horas 14 horas 15 horas 16 horas 17 horas
      18 horas 19 horas 20 horas 21 horas 22 horas 23 horas

Horário diário do exercício: Siga o seu padrão de exercícios pelos próximos 30 dias.

Objetivo a exercer:

_____
_____
_____
_____

  ◦ Saúde

    • _____
      _____
      _____
      _____
      _____

○ Ginástica

▪ _____
_____
_____
_____
_____

Hora do dia para o exercício - determine a hora do dia que melhor funciona para você. Você trabalha cedo ou tarde? Você tem mais energia de manhã ou à noite?

___ Mañana   ___ Medio Dia   ___ Noche

Ginásio ou espaço para treino

Qual é o espaço ideal para você? Pesquise na sua comunidade local e veja o que existe e o custo associado a cada opção. Você pode apenas andar pela manhã sem custo associado. Você pode precisar de mais responsabilidade para que as academias com aulas possam ser melhores. Além disso, você pode precisar e, se puder, pagar um personal trainer que estará esperando por você todos os dias para ir à academia ou à academia. O que funciona para você?

____ Academia pequena

____ Academia mista

____ Academia somente para mulheres

____ Piscina

____ Sem piscina

____ Outra _____

Tempo para descanso: saúde mental diária Siga seu padrão de saúde mental pelos próximos 30 dias. Sinta-se livre para adicionar mais linhas, conforme necessário.

Tempo	Lição de casa
6am – 8am	
8am – 10am	
10am – 12pm	
12pm – 2pm	
2pm- 4pm	
4pm – 6pm	
8pm – 10pm	
Outros_____	

Tempo para o estudo: Saúde espiritual diária: Siga seu padrão de saúde espiritual pelos próximos 30 dias.

Reserve um momento, defina uma meta na hora de estudar. Por que isso é importante? Se não for importante, tudo bem, esta seção pode não ser para você. No entanto, encorajo você: "Não bata até que você experimente".

Objetivos:

_____

_____

_____

_____

Que hora do dia é melhor reservar para isso?

___ Manhã cedo   ___ Tarde manhã   ___ Meio dia

___ Tarde   ___ Tarde noite

Quanto tempo você pode alocar responsavelmente para um estudo dedicado?

___ 30 min   ___ 1 hora   ___ 2 horas   ___ 3 horas   __ Outros

Quais são seus medos ao alocar tempo para estudar? (Seja transparente consigo mesmo, isso é sobre você, lembra?)

_____

_____

_____

_____

_____

_____

Isso é uma necessidade para você nesta estação da sua vida?

___ Sim   ___ Não   ___ Não tenho certeza

Hora de orar Saúde Espiritual Diária: Siga seu padrão de saúde de oração pelos próximos 30 dias.

Qual é o seu objetivo de oração? Você tem um Vamos admitir que isso não é uma prioridade para todos, especialmente se você não está com fome de intimidade com Deus. Se assim for, vamos falar sobre isso. Caso contrário, vamos falar sobre isso. De qualquer forma, esta anotação no diário esclarecerá o quanto você valoriza a oração e seu papel em seu plano de avançar.

Meu objetivo: Como é sua vida diária de oração?

_____

_____

_____

_____

A que hora do dia você faz uma pausa para orar? Onde você está quando faz isso?

- _____

- _____

- _____

Se você tiver dificuldades para começar, considere as etapas acima.

Tire todos os momentos intencionais necessários para concluir a próxima seção em forma de oração. É isso mesmo, escreva seus pontos de oração. Pratique até ter um ritmo ou um ritmo de buscar a Deus através da oração.

Você notará que vai deixar de pedir a Deus que faça coisas por você quando precisar e seguir para uma vida de oração de gratidão. Descobri que quanto mais agradeço, mais abençoado sou.

- Ore a Deus como seu pai, amigo, parceiro

  ◦ Pai Celestial, Pai Deus, Pai, Senhor ... Você escolhe o que chamará:

  _____

  _____

  _____

  _____

- Lembre-se de que quando você ora, não está trazendo nada de novo. Não é como seu pai na terra, mas no céu.

  ◦ _____

  _____

  _____

  _____

- Convide-o a estar presente em sua vida

  ◦ _____

  _____

  _____

  _____

- Obrigado por ser seu fornecedor

  ◦ _____

  _____

  _____

  _____

- Peça a graça de perdoar e deixar ir

_____
_____
_____
_____
_____
_____

Hora de trabalhar. Diario Salud Economica: Siga o seu padrão de saúde no Tabajo pelos próximos 30 dias. Acompanhe como você passa o dia!

CALENDÁRIO

Tempo	Lição de casa
6am – 8am	
8am – 10am	
10am – 12pm	
12pm – 2pm	
2pm- 4pm	
4pm – 6pm	
Outros_____	

- Você foi eficiente com seu tempo? Explique

  o _____
  _____
  _____
  _____

- Você se sentiu ineficiente em alguma área? Explique

  o _____
  _____
  _____
  _____

- Quanto isso interferiu na sua capacidade de ser produtivo nas áreas e nas coisas que você precisava fazer?

  o _____
  _____
  _____
  _____

- O que você poderia ter feito diferente / melhor?

  o _____
  _____
  _____
  _____

- Que mudanças sugeridas você faria em meu Deus, meu plano, para garantir que você seja um administrador melhor do SEU tempo?

  o _____
  _____
  _____
  _____

BEM-VINDO AO DIA 20 DO NOVO VOCÊ

Filipenses 2:3-4 Almeida Revista e Corrigida 2009 (ARC)

3 Nada façais por contenda ou por vanglória, mas por humildade; cada um considere os outros superiores a si mesmo. 4 Não atente cada um para o que é propriamente seu, mas cada qual também para o que é dos outros.

Horário diário para refeição: acompanhe seu padrão alimentar nos próximos 30 dias.

- Hora de comer/lanche

  - Café da manhã _____

  - Lanche _____

  - Almoço _____

  - Lanche _____

  - Jantar _____

  - Lanche _____

- Como você se sente depois de comer?

  - Café da manhã

    - _____
      _____
      _____
      _____

- Almoço

  □ _____
    _____
    _____
    _____

- Jantar

  □ _____
    _____
    _____
    _____

  ◦ o Hora da sua última refeição

    - 12horas 13 horas 14 horas 15 horas 16 horas 17 horas
      18 horas 19 horas 20 horas 21 horas 22 horas 23 horas

Horário diário do exercício: Siga o seu padrão de exercícios pelos próximos 30 dias.

Objetivo a exercer:

_____
_____
_____
_____

  ◦ Saúde

    ■ _____
      _____
      _____
      _____
      _____

○ Ginástica

▪ _____
_____
_____
_____
_____
_____

Hora do dia para o exercício - determine a hora do dia que melhor funciona para você. Você trabalha cedo ou tarde? Você tem mais energia de manhã ou à noite?

___ Mañana   ___ Medio Dia   ___ Noche

Ginásio ou espaço para treino

Qual é o espaço ideal para você? Pesquise na sua comunidade local e veja o que existe e o custo associado a cada opção. Você pode apenas andar pela manhã sem custo associado. Você pode precisar de mais responsabilidade para que as academias com aulas possam ser melhores. Além disso, você pode precisar e, se puder, pagar um personal trainer que estará esperando por você todos os dias para ir à academia ou à academia. O que funciona para você?

____ Academia pequena

____ Academia mista

____ Academia somente para mulheres

____ Piscina

____ Sem piscina

____ Outra _____

Tempo para descanso: saúde mental diária Siga seu padrão de saúde mental pelos próximos 30 dias. Sinta-se livre para adicionar mais linhas, conforme necessário.

Tempo	Lição de casa
6am – 8am	
8am – 10am	
10am – 12pm	
12pm – 2pm	
2pm- 4pm	
4pm – 6pm	
8pm – 10pm	
Outros_____	

Tempo para o estudo: Saúde espiritual diária: Siga seu padrão de saúde espiritual pelos próximos 30 dias.

Reserve um momento, defina uma meta na hora de estudar. Por que isso é importante? Se não for importante, tudo bem, esta seção pode não ser para você. No entanto, encorajo você: "Não bata até que você experimente".

Objetivos:

_____

_____

_____

_____

Que hora do dia é melhor reservar para isso?

___ Manhã cedo   ___ Tarde manhã   ___ Meio dia

___ Tarde   ___ Tarde noite

Quanto tempo você pode alocar responsavelmente para um estudo dedicado?

___ 30 min   ___ 1 hora   ___ 2 horas   ___ 3 horas   __ Outros

Quais são seus medos ao alocar tempo para estudar? (Seja transparente consigo mesmo, isso é sobre você, lembra?)

_____

_____

_____

_____

_____

_____

Isso é uma necessidade para você nesta estação da sua vida?

___ Sim   ___ Não   ___ Não tenho certeza

Hora de orar Saúde Espiritual Diária: Siga seu padrão de saúde de oração pelos próximos 30 dias.

Qual é o seu objetivo de oração? Você tem um Vamos admitir que isso não é uma prioridade para todos, especialmente se você não está com fome de intimidade com Deus. Se assim for, vamos falar sobre isso. Caso contrário, vamos falar sobre isso. De qualquer forma, esta anotação no diário esclarecerá o quanto você valoriza a oração e seu papel em seu plano de avançar.

Meu objetivo: Como é sua vida diária de oração?

_____

_____

_____

_____

A que hora do dia você faz uma pausa para orar? Onde você está quando faz isso?

- _____

- _____

- _____

Se você tiver dificuldades para começar, considere as etapas acima.

Tire todos os momentos intencionais necessários para concluir a próxima seção em forma de oração. É isso mesmo, escreva seus pontos de oração. Pratique até ter um ritmo ou um ritmo de buscar a Deus através da oração.

Você notará que vai deixar de pedir a Deus que faça coisas por você quando precisar e seguir para uma vida de oração de gratidão. Descobri que quanto mais agradeço, mais abençoado sou.

- Ore a Deus como seu pai, amigo, parceiro

  ○ Pai Celestial, Pai Deus, Pai, Senhor ... Você escolhe o que chamará:

  _____

  _____

  _____

  _____

- Lembre-se de que quando você ora, não está trazendo nada de novo. Não é como seu pai na terra, mas no céu.

  ○ _____

  _____

  _____

  _____

- Convide-o a estar presente em sua vida

  ○ _____

  _____

  _____

  _____

- Obrigado por ser seu fornecedor

  ○ _____

  _____

  _____

  _____

- Peça a graça de perdoar e deixar ir

_____

_____

_____

_____

_____

Hora de trabalhar. Diario Salud Economica: Siga o seu padrão de saúde no Tabajo pelos próximos 30 dias. Acompanhe como você passa o dia!

CALENDÁRIO

Tempo	Lição de casa
6am – 8am	
8am – 10am	
10am – 12pm	
12pm – 2pm	
2pm- 4pm	
4pm – 6pm	
Outros _____	

- Você foi eficiente com seu tempo? Explique

  - _____
    _____
    _____
    _____

- Você se sentiu ineficiente em alguma área? Explique

  - _____
    _____
    _____
    _____

- Quanto isso interferiu na sua capacidade de ser produtivo nas áreas e nas coisas que você precisava fazer?

  - _____
    _____
    _____
    _____

- O que você poderia ter feito diferente / melhor?

  - _____
    _____
    _____
    _____

- Que mudanças sugeridas você faria em meu Deus, meu plano, para garantir que você seja um administrador melhor do SEU tempo?

  - _____
    _____
    _____
    _____

BEM-VINDO AO DIA 21 DO NOVO VOCÊ

Hebreus 10:24 Almeida Revista e Corrigida 2009 (ARC)

24 E consideremo-nos uns aos outros, para nos estimularmos ao amor e
às boas obras.

Horário diário para refeição: acompanhe seu padrão alimentar nos
próximos 30 dias.

- Hora de comer/lanche

  - Café da manhã _____
  - Lanche _____
  - Almoço _____
  - Lanche _____
  - Jantar _____
  - Lanche _____

- Como você se sente depois de comer?

  - Café da manhã

    - _____
      _____
      _____
      _____

  - Almoço

    - _____
      _____
      _____
      _____

- Jantar

  - _____
    _____
    _____
    _____

  - o Hora da sua última refeição

    - 12horas 13 horas 14 horas 15 horas 16 horas 17 horas
      18 horas 19 horas 20 horas 21 horas 22 horas 23 horas

Horário diário do exercício: Siga o seu padrão de exercícios pelos próximos 30 dias.

Objetivo a exercer:

_____
_____
_____
_____

  - Saúde

    - _____
      _____
      _____
      _____
      _____

◦ Ginástica

▪ _____
_____
_____
_____
_____

Hora do dia para o exercício - determine a hora do dia que melhor funciona para você. Você trabalha cedo ou tarde? Você tem mais energia de manhã ou à noite?

___ Mañana ___ Medio Dia ___ Noche

Ginásio ou espaço para treino

Qual é o espaço ideal para você? Pesquise na sua comunidade local e veja o que existe e o custo associado a cada opção. Você pode apenas andar pela manhã sem custo associado. Você pode precisar de mais responsabilidade para que as academias com aulas possam ser melhores. Além disso, você pode precisar e, se puder, pagar um personal trainer que estará esperando por você todos os dias para ir à academia ou à academia. O que funciona para você?

____ Academia pequena

____ Academia mista

____ Academia somente para mulheres

____ Piscina

____ Sem piscina

____ Outra _____

Tempo para descanso: saúde mental diária Siga seu padrão de saúde mental pelos próximos 30 dias. Sinta-se livre para adicionar mais linhas, conforme necessário.

Tempo	Lição de casa
6am – 8am	
8am – 10am	
10am – 12pm	
12pm – 2pm	
2pm- 4pm	
4pm – 6pm	
8pm – 10pm	
Outros_____	

Tempo para o estudo: Saúde espiritual diária: Siga seu padrão de saúde espiritual pelos próximos 30 dias.

Reserve um momento, defina uma meta na hora de estudar. Por que isso é importante? Se não for importante, tudo bem, esta seção pode não ser para você. No entanto, encorajo você: "Não bata até que você experimente".

Objetivos:

_____

_____

_____

_____

Que hora do dia é melhor reservar para isso?

___ Manhã cedo   ___ Tarde manhã   ___ Meio dia

___ Tarde   ___ Tarde noite

Quanto tempo você pode alocar responsavelmente para um estudo dedicado?

___ 30 min   ___ 1 hora   ___ 2 horas   ___ 3 horas   __ Outros

Quais são seus medos ao alocar tempo para estudar? (Seja transparente consigo mesmo, isso é sobre você, lembra?)

_____

_____

_____

_____

_____

_____

Isso é uma necessidade para você nesta estação da sua vida?

___ Sim   ___ Não   ___ Não tenho certeza

Hora de orar Saúde Espiritual Diária: Siga seu padrão de saúde de oração pelos próximos 30 dias.

Qual é o seu objetivo de oração? Você tem um Vamos admitir que isso não é uma prioridade para todos, especialmente se você não está com fome de intimidade com Deus. Se assim for, vamos falar sobre isso. Caso contrário, vamos falar sobre isso. De qualquer forma, esta anotação no diário esclarecerá o quanto você valoriza a oração e seu papel em seu plano de avançar.

Meu objetivo: Como é sua vida diária de oração?

_____

_____

_____

_____

A que hora do dia você faz uma pausa para orar? Onde você está quando faz isso?

- _____

- _____

- _____

Se você tiver dificuldades para começar, considere as etapas acima.

Tire todos os momentos intencionais necessários para concluir a próxima seção em forma de oração. É isso mesmo, escreva seus pontos de oração. Pratique até ter um ritmo ou um ritmo de buscar a Deus através da oração.

Você notará que vai deixar de pedir a Deus que faça coisas por você quando precisar e seguir para uma vida de oração de gratidão. Descobri que quanto mais agradeço, mais abençoado sou.

- Ore a Deus como seu pai, amigo, parceiro

  ◦ Pai Celestial, Pai Deus, Pai, Senhor ... Você escolhe o que chamará:

    _____
    _____
    _____
    _____

- Lembre-se de que quando você ora, não está trazendo nada de novo. Não é como seu pai na terra, mas no céu.

  ◦ _____
    _____
    _____
    _____

- Convide-o a estar presente em sua vida

  ◦ _____
    _____
    _____
    _____

- Obrigado por ser seu fornecedor

  ◦ _____
    _____
    _____
    _____

• Peça a graça de perdoar e deixar ir

_____

_____

_____

_____

_____

_____

Hora de trabalhar. Diario Salud Economica: Siga o seu padrão de saúde no Tabajo pelos próximos 30 dias. Acompanhe como você passa o dia!

CALENDÁRIO

Tempo	Lição de casa
6am – 8am	
8am – 10am	
10am – 12pm	
12pm – 2pm	
2pm- 4pm	
4pm – 6pm	
Outros_____	

- Você foi eficiente com seu tempo? Explique

  - _____
  _____
  _____
  _____

- Você se sentiu ineficiente em alguma área? Explique

  - _____
  _____
  _____
  _____

- Quanto isso interferiu na sua capacidade de ser produtivo nas áreas e nas coisas que você precisava fazer?

  - _____
  _____
  _____
  _____

- O que você poderia ter feito diferente / melhor?

  - _____
  _____
  _____
  _____

- Que mudanças sugeridas você faria em meu Deus, meu plano, para garantir que você seja um administrador melhor do SEU tempo?

  - _____
  _____
  _____
  _____

BEM-VINDO AO DIA 22 DO NOVO VOCÊ

Colossenses 4:6 Almeida Revista e Corrigida 2009 (ARC)

6 A vossa palavra seja sempre agradável, temperada com sal, para que saibais como vos convém responder a cada um.

Horário diário para refeição: acompanhe seu padrão alimentar nos próximos 30 dias.

- Hora de comer/lanche

  - Café da manhã _____

  - Lanche _____

  - Almoço _____

  - Lanche _____

  - Jantar _____

  - Lanche _____

- Como você se sente depois de comer?

  - Café da manhã

    - _____
      _____
      _____
      _____

  - Almoço

    - _____
      _____
      _____
      _____

- Jantar

  □ _____
  _____
  _____
  _____

- o Hora da sua última refeição

  - 12horas 13 horas 14 horas 15 horas 16 horas 17 horas
    18 horas 19 horas 20 horas 21 horas 22 horas 23 horas

Horário diário do exercício: Siga o seu padrão de exercícios pelos próximos 30 dias.

Objetivo a exercer:

_____
_____
_____
_____

- Saúde

  ■ _____
  _____
  _____
  _____
  _____

◦ Ginástica

■ _____
_____
_____
_____
_____

Hora do dia para o exercício - determine a hora do dia que melhor funciona para você. Você trabalha cedo ou tarde? Você tem mais energia de manhã ou à noite?

___ Mañana ___ Medio Dia ___ Noche

Ginásio ou espaço para treino

Qual é o espaço ideal para você? Pesquise na sua comunidade local e veja o que existe e o custo associado a cada opção. Você pode apenas andar pela manhã sem custo associado. Você pode precisar de mais responsabilidade para que as academias com aulas possam ser melhores. Além disso, você pode precisar e, se puder, pagar um personal trainer que estará esperando por você todos os dias para ir à academia ou à academia. O que funciona para você?

____ Academia pequena

____ Academia mista

____ Academia somente para mulheres

____ Piscina

____ Sem piscina

____ Outra _____

Tempo para descanso: saúde mental diária Siga seu padrão de saúde mental pelos próximos 30 dias. Sinta-se livre para adicionar mais linhas, conforme necessário.

Tempo	Lição de casa
6am – 8am	
8am – 10am	
10am – 12pm	
12pm – 2pm	
2pm- 4pm	
4pm – 6pm	
8pm – 10pm	
Outros _____	

Tempo para o estudo: Saúde espiritual diária: Siga seu padrão de saúde espiritual pelos próximos 30 dias.

Reserve um momento, defina uma meta na hora de estudar. Por que isso é importante? Se não for importante, tudo bem, esta seção pode não ser para você. No entanto, encorajo você: "Não bata até que você experimente".

Objetivos:

_____

_____

_____

_____

Que hora do dia é melhor reservar para isso?

___ Manhã cedo   ___ Tarde manhã   ___ Meio dia

___ Tarde   ___ Tarde noite

Quanto tempo você pode alocar responsavelmente para um estudo dedicado?

___ 30 min   ___ 1 hora   ___ 2 horas   ___ 3 horas   ___ Outros

Quais são seus medos ao alocar tempo para estudar? (Seja transparente consigo mesmo, isso é sobre você, lembra?)

_____

_____

_____

_____

_____

_____

Isso é uma necessidade para você nesta estação da sua vida?

___ Sim   ___ Não   ___ Não tenho certeza

Hora de orar Saúde Espiritual Diária: Siga seu padrão de saúde de oração pelos próximos 30 dias.

Qual é o seu objetivo de oração? Você tem um Vamos admitir que isso não é uma prioridade para todos, especialmente se você não está com fome de intimidade com Deus. Se assim for, vamos falar sobre isso. Caso contrário, vamos falar sobre isso. De qualquer forma, esta anotação no diário esclarecerá o quanto você valoriza a oração e seu papel em seu plano de avançar.

Meu objetivo: Como é sua vida diária de oração?

_____

_____

_____

_____

A que hora do dia você faz uma pausa para orar? Onde você está quando faz isso?

- _____

- _____

- _____

Se você tiver dificuldades para começar, considere as etapas acima.

Tire todos os momentos intencionais necessários para concluir a próxima seção em forma de oração. É isso mesmo, escreva seus pontos de oração. Pratique até ter um ritmo ou um ritmo de buscar a Deus através da oração.

Você notará que vai deixar de pedir a Deus que faça coisas por você quando precisar e seguir para uma vida de oração de gratidão. Descobri que quanto mais agradeço, mais abençoado sou.

- Ore a Deus como seu pai, amigo, parceiro

  ○ Pai Celestial, Pai Deus, Pai, Senhor ... Você escolhe o que chamará:

  _____

  _____

  _____

  _____

- Lembre-se de que quando você ora, não está trazendo nada de novo. Não é como seu pai na terra, mas no céu.

  ○ _____

  _____

  _____

  _____

- Convide-o a estar presente em sua vida

  ○ _____

  _____

  _____

  _____

- Obrigado por ser seu fornecedor

  ○ _____

  _____

  _____

  _____

- Peça a graça de perdoar e deixar ir

_____

_____

_____

_____

_____

_____

Hora de trabalhar. Diario Salud Economica: Siga o seu padrão de saúde no Tabajo pelos próximos 30 dias. Acompanhe como você passa o dia!

CALENDÁRIO

Tempo	Lição de casa
6am – 8am	
8am – 10am	
10am – 12pm	
12pm – 2pm	
2pm- 4pm	
4pm – 6pm	
Outros _____	

- Você foi eficiente com seu tempo? Explique

  o _____
  _____
  _____
  _____

- Você se sentiu ineficiente em alguma área? Explique

  o _____
  _____
  _____
  _____

- Quanto isso interferiu na sua capacidade de ser produtivo nas áreas e nas coisas que você precisava fazer?

  o _____
  _____
  _____
  _____

- O que você poderia ter feito diferente / melhor?

  o _____
  _____
  _____
  _____

- Que mudanças sugeridas você faria em meu Deus, meu plano, para garantir que você seja um administrador melhor do SEU tempo?

  o _____
  _____
  _____
  _____

BEM-VINDO AO DIA 23 DO NOVO VOCÊ

Efésios 4:29 Almeida Revista e Corrigida 2009 (ARC)

29 Não saia da vossa boca nenhuma palavra torpe, mas só a que for boa para promover a edificação, para que dê graça aos que a ouvem.

Horário diário para refeição: acompanhe seu padrão alimentar nos próximos 30 dias.

- ◦ Hora de comer/lanche
    - ▪ Café da manhã _____
    - ▪ Lanche _____
    - ▪ Almoço _____
    - ▪ Lanche _____
    - ▪ Jantar _____
    - ▪ Lanche _____

- ◦ Como você se sente depois de comer?
    - ▪ Café da manhã

        - ▫ _____
          _____
          _____
          _____

    - ▪ Almoço

        - ▫ _____
          _____
          _____
          _____

- Jantar

  □ _____
    _____
    _____
    _____

- o Hora da sua última refeição

  - 12horas 13 horas 14 horas 15 horas 16 horas 17 horas
    18 horas 19 horas 20 horas 21 horas 22 horas 23 horas

Horário diário do exercício: Siga o seu padrão de exercícios pelos próximos 30 dias.

Objetivo a exercer:

_____
_____
_____
_____

- Saúde

  - _____
    _____
    _____
    _____

MEU DEUS, NOSSO PLANO

○ Ginástica

▪ _____
_____
_____
_____
_____

Hora do dia para o exercício - determine a hora do dia que melhor funciona para você. Você trabalha cedo ou tarde? Você tem mais energia de manhã ou à noite?

___ Mañana   ___ Medio Dia   ___ Noche

Ginásio ou espaço para treino

Qual é o espaço ideal para você? Pesquise na sua comunidade local e veja o que existe e o custo associado a cada opção. Você pode apenas andar pela manhã sem custo associado. Você pode precisar de mais responsabilidade para que as academias com aulas possam ser melhores. Além disso, você pode precisar e, se puder, pagar um personal trainer que estará esperando por você todos os dias para ir à academia ou à academia. O que funciona para você?

____ Academia pequena

____ Academia mista

____ Academia somente para mulheres

____ Piscina

____ Sem piscina

____ Outra _____

Tempo para descanso: saúde mental diária Siga seu padrão de saúde mental pelos próximos 30 dias. Sinta-se livre para adicionar mais linhas, conforme necessário.

Tempo	Lição de casa
6am – 8am	
8am – 10am	
10am – 12pm	
12pm – 2pm	
2pm- 4pm	
4pm – 6pm	
8pm – 10pm	
Outros _____	

Tempo para o estudo: Saúde espiritual diária: Siga seu padrão de saúde espiritual pelos próximos 30 dias.

Reserve um momento, defina uma meta na hora de estudar. Por que isso é importante? Se não for importante, tudo bem, esta seção pode não ser para você. No entanto, encorajo você: "Não bata até que você experimente".

Objetivos:

_____

_____

_____

_____

Que hora do dia é melhor reservar para isso?

___ Manhã cedo   ___ Tarde manhã   ___ Meio dia

___ Tarde   ___ Tarde noite

Quanto tempo você pode alocar responsavelmente para um estudo dedicado?

___ 30 min   ___ 1 hora   ___ 2 horas   ___ 3 horas   __ Outros

Quais são seus medos ao alocar tempo para estudar? (Seja transparente consigo mesmo, isso é sobre você, lembra?)

_____

_____

_____

_____

_____

_____

Isso é uma necessidade para você nesta estação da sua vida?

___ Sim   ___ Não   ___ Não tenho certeza

Hora de orar Saúde Espiritual Diária: Siga seu padrão de saúde de oração pelos próximos 30 dias.

Qual é o seu objetivo de oração? Você tem um Vamos admitir que isso não é uma prioridade para todos, especialmente se você não está com fome de intimidade com Deus. Se assim for, vamos falar sobre isso. Caso contrário, vamos falar sobre isso. De qualquer forma, esta anotação no diário esclarecerá o quanto você valoriza a oração e seu papel em seu plano de avançar.

Meu objetivo: Como é sua vida diária de oração?

_____

_____

_____

_____

A que hora do dia você faz uma pausa para orar? Onde você está quando faz isso?

- _____

- _____

- _____

Se você tiver dificuldades para começar, considere as etapas acima.

Tire todos os momentos intencionais necessários para concluir a próxima seção em forma de oração. É isso mesmo, escreva seus pontos de oração. Pratique até ter um ritmo ou um ritmo de buscar a Deus através da oração.

Você notará que vai deixar de pedir a Deus que faça coisas por você quando precisar e seguir para uma vida de oração de gratidão. Descobri que quanto mais agradeço, mais abençoado sou.

- Ore a Deus como seu pai, amigo, parceiro

  ○ Pai Celestial, Pai Deus, Pai, Senhor ... Você escolhe o que chamará:

  _____

  _____

  _____

  _____

- Lembre-se de que quando você ora, não está trazendo nada de novo. Não é como seu pai na terra, mas no céu.

  ○ _____

  _____

  _____

  _____

- Convide-o a estar presente em sua vida

  ○ _____

  _____

  _____

  _____

- Obrigado por ser seu fornecedor

  ○ _____

  _____

  _____

  _____

• Peça a graça de perdoar e deixar ir

_____

_____

_____

_____

_____

_____

Hora de trabalhar. Diario Salud Economica: Siga o seu padrão de saúde no Tabajo pelos próximos 30 dias. Acompanhe como você passa o dia!

CALENDÁRIO

Tempo	Lição de casa
6am – 8am	
8am – 10am	
10am – 12pm	
12pm – 2pm	
2pm- 4pm	
4pm – 6pm	
Outros_____	

- Você foi eficiente com seu tempo? Explique

  o _____
  _____
  _____
  _____

- Você se sentiu ineficiente em alguma área? Explique

  o _____
  _____
  _____
  _____

- Quanto isso interferiu na sua capacidade de ser produtivo nas áreas e nas coisas que você precisava fazer?

  o _____
  _____
  _____
  _____

- O que você poderia ter feito diferente / melhor?

  o _____
  _____
  _____
  _____

- Que mudanças sugeridas você faria em meu Deus, meu plano, para garantir que você seja um administrador melhor do SEU tempo?

  o _____
  _____
  _____
  _____

BEM-VINDO AO DIA 24 DO NOVO VOCÊ

1 Pedro 1:13 Almeida Revista e Corrigida 2009 (ARC)

13 Portanto, cingindo os lombos do vosso entendimento, sede sóbrios e esperai inteiramente na graça que se vos ofereceu na revelação de Jesus Cristo.

Horário diário para refeição: acompanhe seu padrão alimentar nos próximos 30 dias.

- Hora de comer/lanche

  - Café da manhã _____

  - Lanche _____

  - Almoço _____

  - Lanche _____

  - Jantar _____

  - Lanche _____

- Como você se sente depois de comer?

  - Café da manhã

    - _____
      _____
      _____
      _____

  - Almoço

    - _____
      _____
      _____
      _____

- Jantar

  □ _____
     _____
     _____
     _____

  ○ o Hora da sua última refeição

    - 12horas 13 horas 14 horas 15 horas 16 horas 17 horas
      18 horas 19 horas 20 horas 21 horas 22 horas 23 horas

Horário diário do exercício: Siga o seu padrão de exercícios pelos próximos 30 dias.

Objetivo a exercer:

_____
_____
_____
_____

  ○ Saúde

    ■ _____
       _____
       _____
       _____
       _____

- ◦ Ginástica

  - ▪ _____
    _____
    _____
    _____
    _____
    _____

Hora do dia para o exercício - determine a hora do dia que melhor funciona para você. Você trabalha cedo ou tarde? Você tem mais energia de manhã ou à noite?

___ Mañana ___ Medio Dia ___ Noche

Ginásio ou espaço para treino

Qual é o espaço ideal para você? Pesquise na sua comunidade local e veja o que existe e o custo associado a cada opção. Você pode apenas andar pela manhã sem custo associado. Você pode precisar de mais responsabilidade para que as academias com aulas possam ser melhores. Além disso, você pode precisar e, se puder, pagar um personal trainer que estará esperando por você todos os dias para ir à academia ou à academia. O que funciona para você?

____ Academia pequena

____ Academia mista

____ Academia somente para mulheres

____ Piscina

____ Sem piscina

____ Outra _____

Tempo para descanso: saúde mental diária Siga seu padrão de saúde mental pelos próximos 30 dias. Sinta-se livre para adicionar mais linhas, conforme necessário.

Tempo	Lição de casa
6am – 8am	
8am – 10am	
10am – 12pm	
12pm – 2pm	
2pm- 4pm	
4pm – 6pm	
8pm – 10pm	
Outros _____	

Tempo para o estudo: Saúde espiritual diária: Siga seu padrão de saúde espiritual pelos próximos 30 dias.

Reserve um momento, defina uma meta na hora de estudar. Por que isso é importante? Se não for importante, tudo bem, esta seção pode não ser para você. No entanto, encorajo você: "Não bata até que você experimente".

Objetivos:

_____

_____

_____

_____

Que hora do dia é melhor reservar para isso?

___ Manhã cedo   ___ Tarde manhã   ___ Meio dia

___ Tarde   ___ Tarde noite

Quanto tempo você pode alocar responsavelmente para um estudo dedicado?

___ 30 min   ___ 1 hora   ___ 2 horas   ___ 3 horas   __ Outros

Quais são seus medos ao alocar tempo para estudar? (Seja transparente consigo mesmo, isso é sobre você, lembra?)

_____

_____

_____

_____

_____

_____

Isso é uma necessidade para você nesta estação da sua vida?

___ Sim   ___ Não   ___ Não tenho certeza

Hora de orar Saúde Espiritual Diária: Siga seu padrão de saúde de oração pelos próximos 30 dias.

Qual é o seu objetivo de oração? Você tem um Vamos admitir que isso não é uma prioridade para todos, especialmente se você não está com fome de intimidade com Deus. Se assim for, vamos falar sobre isso. Caso contrário, vamos falar sobre isso. De qualquer forma, esta anotação no diário esclarecerá o quanto você valoriza a oração e seu papel em seu plano de avançar.

Meu objetivo: Como é sua vida diária de oração?

_____

_____

_____

_____

A que hora do dia você faz uma pausa para orar? Onde você está quando faz isso?

- _____

- _____

- _____

Se você tiver dificuldades para começar, considere as etapas acima.

Tire todos os momentos intencionais necessários para concluir a próxima seção em forma de oração. É isso mesmo, escreva seus pontos de oração. Pratique até ter um ritmo ou um ritmo de buscar a Deus através da oração.

Você notará que vai deixar de pedir a Deus que faça coisas por você quando precisar e seguir para uma vida de oração de gratidão. Descobri que quanto mais agradeço, mais abençoado sou.

- Ore a Deus como seu pai, amigo, parceiro

  - Pai Celestial, Pai Deus, Pai, Senhor ... Você escolhe o que chamará:

  _____

  _____

  _____

  _____

- Lembre-se de que quando você ora, não está trazendo nada de novo. Não é como seu pai na terra, mas no céu.

  - _____

  _____

  _____

  _____

- Convide-o a estar presente em sua vida

  - _____

  _____

  _____

  _____

- Obrigado por ser seu fornecedor

  - _____

  _____

  _____

  _____

- Peça a graça de perdoar e deixar ir

_____

_____

_____

_____

_____

_____

Hora de trabalhar. Diario Salud Economica: Siga o seu padrão de saúde no Tabajo pelos próximos 30 dias. Acompanhe como você passa o dia!

CALENDÁRIO

Tempo	Lição de casa
6am – 8am	
8am – 10am	
10am – 12pm	
12pm – 2pm	
2pm- 4pm	
4pm – 6pm	
Outros_____	

- Você foi eficiente com seu tempo? Explique

  o _____
     _____
     _____
     _____

- Você se sentiu ineficiente em alguma área? Explique

  o _____
     _____
     _____
     _____

- Quanto isso interferiu na sua capacidade de ser produtivo nas áreas e nas coisas que você precisava fazer?

  o _____
     _____
     _____
     _____

- O que você poderia ter feito diferente / melhor?

  o _____
     _____
     _____
     _____

- Que mudanças sugeridas você faria em meu Deus, meu plano, para garantir que você seja um administrador melhor do SEU tempo?

  o _____
     _____
     _____
     _____

BEM-VINDO AO DIA 25 DO NOVO VOCÊ

Isaías 40:29-31 Almeida Revista e Corrigida 2009 (ARC)

29 Dá vigor ao cansado e multiplica as forças ao que não tem nenhum vigor. 30 Os jovens se cansarão e se fatigarão, e os jovens certamente cairão. 31 Mas os que esperam no Senhor renovarão as suas forças e subirão com asas como águias; correrão e não se cansarão; caminharão e não se fatigarão.

Horário diário para refeição: acompanhe seu padrão alimentar nos próximos 30 dias.

- Hora de comer/lanche

  - Café da manhã _____

  - Lanche _____

  - Almoço _____

  - Lanche _____

  - Jantar _____

  - Lanche _____

- Como você se sente depois de comer?

  - Café da manhã

    - _____

      _____

      _____

      _____

- Almoço

  - _____
    _____
    _____
    _____

- Jantar

  - _____
    _____
    _____
    _____

  - o Hora da sua última refeição

    - 12horas 13 horas 14 horas 15 horas 16 horas 17 horas
      18 horas 19 horas 20 horas 21 horas 22 horas 23 horas

Horário diário do exercício: Siga o seu padrão de exercícios pelos próximos 30 dias.

Objetivo a exercer:

_____
_____
_____
_____

  - Saúde

    - _____
      _____
      _____
      _____

○ Ginástica

■ _____
_____
_____
_____
_____

Hora do dia para o exercício - determine a hora do dia que melhor funciona para você. Você trabalha cedo ou tarde? Você tem mais energia de manhã ou à noite?

___ Mañana   ___ Medio Dia   ___ Noche

Ginásio ou espaço para treino

Qual é o espaço ideal para você? Pesquise na sua comunidade local e veja o que existe e o custo associado a cada opção. Você pode apenas andar pela manhã sem custo associado. Você pode precisar de mais responsabilidade para que as academias com aulas possam ser melhores. Além disso, você pode precisar e, se puder, pagar um personal trainer que estará esperando por você todos os dias para ir à academia ou à academia. O que funciona para você?

____ Academia pequena

____ Academia mista

____ Academia somente para mulheres

____ Piscina

____ Sem piscina

____ Outra _____

Tempo para descanso: saúde mental diária Siga seu padrão de saúde mental pelos próximos 30 dias. Sinta-se livre para adicionar mais linhas, conforme necessário.

Tempo	Lição de casa
6am – 8am	
8am – 10am	
10am – 12pm	
12pm – 2pm	
2pm- 4pm	
4pm – 6pm	
8pm – 10pm	
Outros_____	

Tempo para o estudo: Saúde espiritual diária: Siga seu padrão de saúde espiritual pelos próximos 30 dias.

Reserve um momento, defina uma meta na hora de estudar. Por que isso é importante? Se não for importante, tudo bem, esta seção pode não ser para você. No entanto, encorajo você: "Não bata até que você experimente".

Objetivos:

_____

_____

_____

_____

Que hora do dia é melhor reservar para isso?

___ Manhã cedo   ___ Tarde manhã   ___ Meio dia

___ Tarde   ___ Tarde noite

Quanto tempo você pode alocar responsavelmente para um estudo dedicado?

___ 30 min   ___ 1 hora   ___ 2 horas   ___ 3 horas   __ Outros

Quais são seus medos ao alocar tempo para estudar? (Seja transparente consigo mesmo, isso é sobre você, lembra?)

_____

_____

_____

_____

_____

_____

Isso é uma necessidade para você nesta estação da sua vida?

___ Sim   ___ Não   ___ Não tenho certeza

Hora de orar Saúde Espiritual Diária: Siga seu padrão de saúde de oração pelos próximos 30 dias.

Qual é o seu objetivo de oração? Você tem um Vamos admitir que isso não é uma prioridade para todos, especialmente se você não está com fome de intimidade com Deus. Se assim for, vamos falar sobre isso. Caso contrário, vamos falar sobre isso. De qualquer forma, esta anotação no diário esclarecerá o quanto você valoriza a oração e seu papel em seu plano de avançar.

Meu objetivo: Como é sua vida diária de oração?

_____

_____

_____

_____

A que hora do dia você faz uma pausa para orar? Onde você está quando faz isso?

- _____

- _____

- _____

Se você tiver dificuldades para começar, considere as etapas acima.

Tire todos os momentos intencionais necessários para concluir a próxima seção em forma de oração. É isso mesmo, escreva seus pontos de oração. Pratique até ter um ritmo ou um ritmo de buscar a Deus através da oração.

Você notará que vai deixar de pedir a Deus que faça coisas por você quando precisar e seguir para uma vida de oração de gratidão. Descobri que quanto mais agradeço, mais abençoado sou.

- Ore a Deus como seu pai, amigo, parceiro

  ◦ Pai Celestial, Pai Deus, Pai, Senhor ... Você escolhe o que chamará:

  _____
  _____
  _____
  _____

- Lembre-se de que quando você ora, não está trazendo nada de novo. Não é como seu pai na terra, mas no céu.

  ◦ _____
  _____
  _____
  _____

- Convide-o a estar presente em sua vida

  ◦ _____
  _____
  _____
  _____

- Obrigado por ser seu fornecedor

  ◦ _____
  _____
  _____
  _____

- Peça a graça de perdoar e deixar ir

_____

_____

_____

_____

_____

_____

Hora de trabalhar. Diario Salud Economica: Siga o seu padrão de saúde no Tabajo pelos próximos 30 dias. Acompanhe como você passa o dia!

CALENDÁRIO

Tempo	Lição de casa
6am – 8am	
8am – 10am	
10am – 12pm	
12pm – 2pm	
2pm- 4pm	
4pm – 6pm	
Outros _____	

- Você foi eficiente com seu tempo? Explique

  o _____
  _____
  _____
  _____

- Você se sentiu ineficiente em alguma área? Explique

  o _____
  _____
  _____
  _____

- Quanto isso interferiu na sua capacidade de ser produtivo nas áreas e nas coisas que você precisava fazer?

  o _____
  _____
  _____
  _____

- O que você poderia ter feito diferente / melhor?

  o _____
  _____
  _____
  _____

- Que mudanças sugeridas você faria em meu Deus, meu plano, para garantir que você seja um administrador melhor do SEU tempo?

  o _____
  _____
  _____
  _____

BEM-VINDO AO DIA 26 DO NOVO VOCÊ

Hebreus 12:11-13 Almeida Revista e Corrigida 2009 (ARC)

11 E, na verdade, toda correção, ao presente, não parece ser de gozo, senão de tristeza, mas, depois, produz um fruto pacífico de justiça nos exercitados por ela.

Horário diário para refeição: acompanhe seu padrão alimentar nos próximos 30 dias.

- Hora de comer/lanche

  - Café da manhã _____

  - Lanche _____

  - Almoço _____

  - Lanche _____

  - Jantar _____

  - Lanche _____

- Como você se sente depois de comer?

  - Café da manhã

    - _____
      _____
      _____
      _____

  - Almoço

    - _____
      _____
      _____
      _____

- Jantar

  □ _____
  _____
  _____
  _____

- o Hora da sua última refeição

  - 12horas 13 horas 14 horas 15 horas 16 horas 17 horas
    18 horas 19 horas 20 horas 21 horas 22 horas 23 horas

Horário diário do exercício: Siga o seu padrão de exercícios pelos próximos 30 dias.

Objetivo a exercer:

_____
_____
_____
_____

- Saúde

  ■ _____
  _____
  _____
  _____
  _____

◦ Ginástica

▪ _____
_____
_____
_____
_____

Hora do dia para o exercício - determine a hora do dia que melhor funciona para você. Você trabalha cedo ou tarde? Você tem mais energia de manhã ou à noite?

___ Mañana ___ Medio Dia ___ Noche

Ginásio ou espaço para treino

Qual é o espaço ideal para você? Pesquise na sua comunidade local e veja o que existe e o custo associado a cada opção. Você pode apenas andar pela manhã sem custo associado. Você pode precisar de mais responsabilidade para que as academias com aulas possam ser melhores. Além disso, você pode precisar e, se puder, pagar um personal trainer que estará esperando por você todos os dias para ir à academia ou à academia. O que funciona para você?

_____ Academia pequena

_____ Academia mista

_____ Academia somente para mulheres

_____ Piscina

_____ Sem piscina

_____ Outra _____

Tempo para descanso: saúde mental diária Siga seu padrão de saúde mental pelos próximos 30 dias. Sinta-se livre para adicionar mais linhas, conforme necessário.

Tempo	Lição de casa
6am – 8am	
8am – 10am	
10am – 12pm	
12pm – 2pm	
2pm- 4pm	
4pm – 6pm	
8pm – 10pm	
Outros _____	

Tempo para o estudo: Saúde espiritual diária: Siga seu padrão de saúde espiritual pelos próximos 30 dias.

Reserve um momento, defina uma meta na hora de estudar. Por que isso é importante? Se não for importante, tudo bem, esta seção pode não ser para você. No entanto, encorajo você: "Não bata até que você experimente".

Objetivos:

_____

_____

_____

_____

Que hora do dia é melhor reservar para isso?

___ Manhã cedo   ___ Tarde manhã   ___ Meio dia

___ Tarde   ___ Tarde noite

Quanto tempo você pode alocar responsavelmente para um estudo dedicado?

___ 30 min   ___ 1 hora   ___ 2 horas   ___ 3 horas   __ Outros

Quais são seus medos ao alocar tempo para estudar? (Seja transparente consigo mesmo, isso é sobre você, lembra?)

_____

_____

_____

_____

_____

_____

Isso é uma necessidade para você nesta estação da sua vida?

___ Sim   ___ Não   ___ Não tenho certeza

Hora de orar Saúde Espiritual Diária: Siga seu padrão de saúde de oração pelos próximos 30 dias.

Qual é o seu objetivo de oração? Você tem um Vamos admitir que isso não é uma prioridade para todos, especialmente se você não está com fome de intimidade com Deus. Se assim for, vamos falar sobre isso. Caso contrário, vamos falar sobre isso. De qualquer forma, esta anotação no diário esclarecerá o quanto você valoriza a oração e seu papel em seu plano de avançar.

Meu objetivo: Como é sua vida diária de oração?

_____

_____

_____

_____

A que hora do dia você faz uma pausa para orar? Onde você está quando faz isso?

- _____

- _____

- _____

Se você tiver dificuldades para começar, considere as etapas acima.

Tire todos os momentos intencionais necessários para concluir a próxima seção em forma de oração. É isso mesmo, escreva seus pontos de oração. Pratique até ter um ritmo ou um ritmo de buscar a Deus através da oração.

Você notará que vai deixar de pedir a Deus que faça coisas por você quando precisar e seguir para uma vida de oração de gratidão. Descobri que quanto mais agradeço, mais abençoado sou.

- Ore a Deus como seu pai, amigo, parceiro

  - Pai Celestial, Pai Deus, Pai, Senhor ... Você escolhe o que chamará:

    _____

    _____

    _____

    _____

- Lembre-se de que quando você ora, não está trazendo nada de novo. Não é como seu pai na terra, mas no céu.

  - _____

    _____

    _____

    _____

- Convide-o a estar presente em sua vida

  - _____

    _____

    _____

    _____

- Obrigado por ser seu fornecedor

  - _____

    _____

    _____

    _____

- Peça a graça de perdoar e deixar ir

_____
_____
_____
_____
_____
_____

Hora de trabalhar. Diario Salud Economica: Siga o seu padrão de saúde no Tabajo pelos próximos 30 dias. Acompanhe como você passa o dia!

CALENDÁRIO

Tempo	Lição de casa
6am – 8am	
8am – 10am	
10am – 12pm	
12pm – 2pm	
2pm- 4pm	
4pm – 6pm	
Outros _____	

- Você foi eficiente com seu tempo? Explique

  o _____
  _____
  _____
  _____

- Você se sentiu ineficiente em alguma área? Explique

  o _____
  _____
  _____
  _____

- Quanto isso interferiu na sua capacidade de ser produtivo nas áreas e nas coisas que você precisava fazer?

  o _____
  _____
  _____
  _____

- O que você poderia ter feito diferente / melhor?

  o _____
  _____
  _____
  _____

- Que mudanças sugeridas você faria em meu Deus, meu plano, para garantir que você seja um administrador melhor do SEU tempo?

  o _____
  _____
  _____
  _____

BEM-VINDO AO DIA 27 DO NOVO VOCÊ

1 Coríntios 6:19-20 Almeida Revista e Corrigida 2009 (ARC)

19 Ou não sabeis que o nosso corpo é o templo do Espírito Santo, que habita em vós, proveniente de Deus, e que não sois de vós mesmos? 20 Porque fostes comprados por bom preço; glorificai, pois, a Deus no vosso corpo e no vosso espírito, os quais pertencem a Deus.

Horário diário para refeição: acompanhe seu padrão alimentar nos próximos 30 dias.

- ◦ Hora de comer/lanche

  - ▪ Café da manhã _____

  - ▪ Lanche _____

  - ▪ Almoço _____

  - ▪ Lanche _____

  - ▪ Jantar _____

  - ▪ Lanche _____

- ◦ Como você se sente depois de comer?

  - ▪ Café da manhã

    - ▫ _____
      _____
      _____
      _____

- Almoço

  - _____
    _____
    _____
    _____

- Jantar

  - _____
    _____
    _____
    _____

- o Hora da sua última refeição

  - 12horas 13 horas 14 horas 15 horas 16 horas 17 horas
    18 horas 19 horas 20 horas 21 horas 22 horas 23 horas

Horário diário do exercício: Siga o seu padrão de exercícios pelos próximos 30 dias.

Objetivo a exercer:

_____
_____
_____
_____

- Saúde

  - _____
    _____
    _____
    _____

∘ Ginástica

- _____
  _____
  _____
  _____
  _____

Hora do dia para o exercício - determine a hora do dia que melhor funciona para você. Você trabalha cedo ou tarde? Você tem mais energia de manhã ou à noite?

___ Mañana   ___ Medio Dia   ___ Noche

Ginásio ou espaço para treino

Qual é o espaço ideal para você? Pesquise na sua comunidade local e veja o que existe e o custo associado a cada opção. Você pode apenas andar pela manhã sem custo associado. Você pode precisar de mais responsabilidade para que as academias com aulas possam ser melhores. Além disso, você pode precisar e, se puder, pagar um personal trainer que estará esperando por você todos os dias para ir à academia ou à academia. O que funciona para você?

____ Academia pequena

____ Academia mista

____ Academia somente para mulheres

____ Piscina

____ Sem piscina

____ Outra _____

Tempo para descanso: saúde mental diária Siga seu padrão de saúde mental pelos próximos 30 dias. Sinta-se livre para adicionar mais linhas, conforme necessário.

Tempo	Lição de casa
6am – 8am	
8am – 10am	
10am – 12pm	
12pm – 2pm	
2pm- 4pm	
4pm – 6pm	
8pm – 10pm	
Outros_____	

Tempo para o estudo: Saúde espiritual diária: Siga seu padrão de saúde espiritual pelos próximos 30 dias.

Reserve um momento, defina uma meta na hora de estudar. Por que isso é importante? Se não for importante, tudo bem, esta seção pode não ser para você. No entanto, encorajo você: "Não bata até que você experimente".

Objetivos:

_____

_____

_____

_____

Que hora do dia é melhor reservar para isso?

___ Manhã cedo   ___ Tarde manhã   ___ Meio dia

___ Tarde   ___ Tarde noite

Quanto tempo você pode alocar responsavelmente para um estudo dedicado?

___ 30 min   ___ 1 hora   ___ 2 horas   ___ 3 horas   __ Outros

Quais são seus medos ao alocar tempo para estudar? (Seja transparente consigo mesmo, isso é sobre você, lembra?)

_____

_____

_____

_____

_____

_____

Isso é uma necessidade para você nesta estação da sua vida?

___ Sim   ___ Não   ___ Não tenho certeza

Hora de orar Saúde Espiritual Diária: Siga seu padrão de saúde de oração pelos próximos 30 dias.

Qual é o seu objetivo de oração? Você tem um Vamos admitir que isso não é uma prioridade para todos, especialmente se você não está com fome de intimidade com Deus. Se assim for, vamos falar sobre isso. Caso contrário, vamos falar sobre isso. De qualquer forma, esta anotação no diário esclarecerá o quanto você valoriza a oração e seu papel em seu plano de avançar.

Meu objetivo: Como é sua vida diária de oração?

_____

_____

_____

_____

A que hora do dia você faz uma pausa para orar? Onde você está quando faz isso?

- _____

- _____

- _____

Se você tiver dificuldades para começar, considere as etapas acima.

Tire todos os momentos intencionais necessários para concluir a próxima seção em forma de oração. É isso mesmo, escreva seus pontos de oração. Pratique até ter um ritmo ou um ritmo de buscar a Deus através da oração.

Você notará que vai deixar de pedir a Deus que faça coisas por você quando precisar e seguir para uma vida de oração de gratidão. Descobri que quanto mais agradeço, mais abençoado sou.

- Ore a Deus como seu pai, amigo, parceiro

  ◦ Pai Celestial, Pai Deus, Pai, Senhor ... Você escolhe o que chamará:

  _____

  _____

  _____

  _____

- Lembre-se de que quando você ora, não está trazendo nada de novo. Não é como seu pai na terra, mas no céu.

  ◦ _____

  _____

  _____

  _____

- Convide-o a estar presente em sua vida

  ◦ _____

  _____

  _____

  _____

- Obrigado por ser seu fornecedor

  ◦ _____

  _____

  _____

  _____

- Peça a graça de perdoar e deixar ir

_____

_____

_____

_____

_____

_____

Hora de trabalhar. Diario Salud Economica: Siga o seu padrão de saúde no Tabajo pelos próximos 30 dias. Acompanhe como você passa o dia!

CALENDÁRIO

Tempo	Lição de casa
6am – 8am	
8am – 10am	
10am – 12pm	
12pm – 2pm	
2pm- 4pm	
4pm – 6pm	
Outros_____	

- Você foi eficiente com seu tempo? Explique

  o _____
  _____
  _____
  _____

- Você se sentiu ineficiente em alguma área? Explique

  o _____
  _____
  _____
  _____

- Quanto isso interferiu na sua capacidade de ser produtivo nas áreas e nas coisas que você precisava fazer?

  o _____
  _____
  _____
  _____

- O que você poderia ter feito diferente / melhor?

  o _____
  _____
  _____
  _____

- Que mudanças sugeridas você faria em meu Deus, meu plano, para garantir que você seja um administrador melhor do SEU tempo?

  o _____
  _____
  _____
  _____

BEM-VINDO AO DIA 28 DO NOVO VOCÊ

Gálatas 5:13-14 Almeida Revista e Corrigida 2009 (ARC)

13 Porque vós, irmãos, fostes chamados à liberdade. Não useis, então, da liberdade para dar ocasião à carne, mas servi-vos uns aos outros pelo amor. 14 Porque toda a lei se cumpre numa só palavra, nesta: Amarás o teu próximo como a ti mesmo.

Horário diário para refeição: acompanhe seu padrão alimentar nos próximos 30 dias.

- Hora de comer/lanche

  - Café da manhã _____

  - Lanche _____

  - Almoço _____

  - Lanche _____

  - Jantar _____

  - Lanche _____

- Como você se sente depois de comer?

  - Café da manhã

    - _____
      _____
      _____
      _____

- Almoço

  □ _____
    _____
    _____
    _____

- Jantar

  □ _____
    _____
    _____
    _____

  ○ o Hora da sua última refeição

    ▪ 12horas 13 horas 14 horas 15 horas 16 horas 17 horas
      18 horas 19 horas 20 horas 21 horas 22 horas 23 horas

Horário diário do exercício: Siga o seu padrão de exercícios pelos próximos 30 dias.

Objetivo a exercer:

_____
_____
_____
_____

  ○ Saúde

    ▪ _____
      _____
      _____
      _____
      _____

- Ginástica

  - _____
    _____
    _____
    _____
    _____

Hora do dia para o exercício - determine a hora do dia que melhor funciona para você. Você trabalha cedo ou tarde? Você tem mais energia de manhã ou à noite?

___ Mañana   ___ Medio Dia   ___ Noche

Ginásio ou espaço para treino

Qual é o espaço ideal para você? Pesquise na sua comunidade local e veja o que existe e o custo associado a cada opção. Você pode apenas andar pela manhã sem custo associado. Você pode precisar de mais responsabilidade para que as academias com aulas possam ser melhores. Além disso, você pode precisar e, se puder, pagar um personal trainer que estará esperando por você todos os dias para ir à academia ou à academia. O que funciona para você?

_____ Academia pequena

_____ Academia mista

_____ Academia somente para mulheres

_____ Piscina

_____ Sem piscina

_____ Outra _____

Tempo para descanso: saúde mental diária Siga seu padrão de saúde mental pelos próximos 30 dias. Sinta-se livre para adicionar mais linhas, conforme necessário.

Tempo	Lição de casa
6am – 8am	
8am – 10am	
10am – 12pm	
12pm – 2pm	
2pm- 4pm	
4pm – 6pm	
8pm – 10pm	
Outros _____	

Tempo para o estudo: Saúde espiritual diária: Siga seu padrão de saúde espiritual pelos próximos 30 dias.

Reserve um momento, defina uma meta na hora de estudar. Por que isso é importante? Se não for importante, tudo bem, esta seção pode não ser para você. No entanto, encorajo você: "Não bata até que você experimente".

Objetivos:

_____

_____

_____

_____

Que hora do dia é melhor reservar para isso?

___ Manhã cedo   ___ Tarde manhã   ___ Meio dia

___ Tarde   ___ Tarde noite

Quanto tempo você pode alocar responsavelmente para um estudo dedicado?

___ 30 min   ___ 1 hora   ___ 2 horas   ___ 3 horas   ___ Outros

Quais são seus medos ao alocar tempo para estudar? (Seja transparente consigo mesmo, isso é sobre você, lembra?)

_____

_____

_____

_____

_____

_____

Isso é uma necessidade para você nesta estação da sua vida?

___ Sim   ___ Não   ___ Não tenho certeza

Hora de orar Saúde Espiritual Diária: Siga seu padrão de saúde de oração pelos próximos 30 dias.

Qual é o seu objetivo de oração? Você tem um Vamos admitir que isso não é uma prioridade para todos, especialmente se você não está com fome de intimidade com Deus. Se assim for, vamos falar sobre isso. Caso contrário, vamos falar sobre isso. De qualquer forma, esta anotação no diário esclarecerá o quanto você valoriza a oração e seu papel em seu plano de avançar.

Meu objetivo: Como é sua vida diária de oração?

_____

_____

_____

_____

A que hora do dia você faz uma pausa para orar? Onde você está quando faz isso?

- _____

- _____

- _____

Se você tiver dificuldades para começar, considere as etapas acima.

Tire todos os momentos intencionais necessários para concluir a próxima seção em forma de oração. É isso mesmo, escreva seus pontos de oração. Pratique até ter um ritmo ou um ritmo de buscar a Deus através da oração.

Você notará que vai deixar de pedir a Deus que faça coisas por você quando precisar e seguir para uma vida de oração de gratidão. Descobri que quanto mais agradeço, mais abençoado sou.

- Ore a Deus como seu pai, amigo, parceiro

  ◦ Pai Celestial, Pai Deus, Pai, Senhor ... Você escolhe o que chamará:

  _____

  _____

  _____

  _____

- Lembre-se de que quando você ora, não está trazendo nada de novo. Não é como seu pai na terra, mas no céu.

  ◦ _____

  _____

  _____

  _____

- Convide-o a estar presente em sua vida

  ◦ _____

  _____

  _____

  _____

- Obrigado por ser seu fornecedor

  ◦ _____

  _____

  _____

  _____

- Peça a graça de perdoar e deixar ir

_____

_____

_____

_____

_____

_____

Hora de trabalhar. Diario Salud Economica: Siga o seu padrão de saúde no Tabajo pelos próximos 30 dias. Acompanhe como você passa o dia!

CALENDÁRIO

Tempo	Lição de casa
6am – 8am	
8am – 10am	
10am – 12pm	
12pm – 2pm	
2pm- 4pm	
4pm – 6pm	
Outros _____	

- Você foi eficiente com seu tempo? Explique

  o _____
  _____
  _____
  _____

- Você se sentiu ineficiente em alguma área? Explique

  o _____
  _____
  _____
  _____

- Quanto isso interferiu na sua capacidade de ser produtivo nas áreas e nas coisas que você precisava fazer?

  o _____
  _____
  _____
  _____

- O que você poderia ter feito diferente / melhor?

  o _____
  _____
  _____
  _____

- Que mudanças sugeridas você faria em meu Deus, meu plano, para garantir que você seja um administrador melhor do SEU tempo?

  o _____
  _____
  _____
  _____

BEM-VINDO AO DIA 29 DO NOVO VOCÊ

Colossenses 3:23-24 Almeida Revista e Corrigida 2009 (ARC)

23 E, tudo quanto fizerdes, fazei-o de todo o coração, como ao Senhor e não aos homens, 24 sabendo que recebereis do Senhor o galardão da herança, porque a Cristo, o Senhor, servis.

Horário diário para refeição: acompanhe seu padrão alimentar nos próximos 30 dias.

- Hora de comer/lanche
  - Café da manhã _____
  - Lanche _____
  - Almoço _____
  - Lanche _____
  - Jantar _____
  - Lanche _____

- Como você se sente depois de comer?
  - Café da manhã
    - _____
    _____
    _____
    _____

  - Almoço
    - _____
    _____
    _____
    _____

- Jantar

  □ _____
  _____
  _____
  _____

- o Hora da sua última refeição

  - 12horas 13 horas 14 horas 15 horas 16 horas 17 horas
    18 horas 19 horas 20 horas 21 horas 22 horas 23 horas

Horário diário do exercício: Siga o seu padrão de exercícios pelos próximos 30 dias.

Objetivo a exercer:

_____
_____
_____
_____

- Saúde

  ▪ _____
  _____
  _____
  _____
  _____

∘ Ginástica

▪ _____
  _____
  _____
  _____
  _____

Hora do dia para o exercício - determine a hora do dia que melhor funciona para você. Você trabalha cedo ou tarde? Você tem mais energia de manhã ou à noite?

___ Mañana   ___ Medio Dia   ___ Noche

Ginásio ou espaço para treino

Qual é o espaço ideal para você? Pesquise na sua comunidade local e veja o que existe e o custo associado a cada opção. Você pode apenas andar pela manhã sem custo associado. Você pode precisar de mais responsabilidade para que as academias com aulas possam ser melhores. Além disso, você pode precisar e, se puder, pagar um personal trainer que estará esperando por você todos os dias para ir à academia ou à academia. O que funciona para você?

____ Academia pequena

____ Academia mista

____ Academia somente para mulheres

____ Piscina

____ Sem piscina

____ Outra _____

Tempo para descanso: saúde mental diária Siga seu padrão de saúde mental pelos próximos 30 dias. Sinta-se livre para adicionar mais linhas, conforme necessário.

Tempo	Lição de casa
6am – 8am	
8am – 10am	
10am – 12pm	
12pm – 2pm	
2pm- 4pm	
4pm – 6pm	
8pm – 10pm	
Outros _____	

Tempo para o estudo: Saúde espiritual diária: Siga seu padrão de saúde espiritual pelos próximos 30 dias.

Reserve um momento, defina uma meta na hora de estudar. Por que isso é importante? Se não for importante, tudo bem, esta seção pode não ser para você. No entanto, encorajo você: "Não bata até que você experimente".

Objetivos:

_____

_____

_____

_____

Que hora do dia é melhor reservar para isso?

___ Manhã cedo   ___ Tarde manhã   ___ Meio dia

___ Tarde   ___ Tarde noite

Quanto tempo você pode alocar responsavelmente para um estudo dedicado?

___ 30 min   ___ 1 hora   ___ 2 horas   ___ 3 horas   ___ Outros

Quais são seus medos ao alocar tempo para estudar? (Seja transparente consigo mesmo, isso é sobre você, lembra?)

_____

_____

_____

_____

_____

_____

Isso é uma necessidade para você nesta estação da sua vida?

___ Sim   ___ Não   ___ Não tenho certeza

Hora de orar Saúde Espiritual Diária: Siga seu padrão de saúde de oração pelos próximos 30 dias.

Qual é o seu objetivo de oração? Você tem um Vamos admitir que isso não é uma prioridade para todos, especialmente se você não está com fome de intimidade com Deus. Se assim for, vamos falar sobre isso. Caso contrário, vamos falar sobre isso. De qualquer forma, esta anotação no diário esclarecerá o quanto você valoriza a oração e seu papel em seu plano de avançar.

Meu objetivo: Como é sua vida diária de oração?

_____

_____

_____

_____

A que hora do dia você faz uma pausa para orar? Onde você está quando faz isso?

- _____

- _____

- _____

Se você tiver dificuldades para começar, considere as etapas acima.

Tire todos os momentos intencionais necessários para concluir a próxima seção em forma de oração. É isso mesmo, escreva seus pontos de oração. Pratique até ter um ritmo ou um ritmo de buscar a Deus através da oração.

Você notará que vai deixar de pedir a Deus que faça coisas por você quando precisar e seguir para uma vida de oração de gratidão. Descobri que quanto mais agradeço, mais abençoado sou.

- Ore a Deus como seu pai, amigo, parceiro

  ◦ Pai Celestial, Pai Deus, Pai, Senhor ... Você escolhe o que chamará:

    _____

    _____

    _____

    _____

- Lembre-se de que quando você ora, não está trazendo nada de novo. Não é como seu pai na terra, mas no céu.

  ◦ _____

    _____

    _____

    _____

- Convide-o a estar presente em sua vida

  ◦ _____

    _____

    _____

    _____

- Obrigado por ser seu fornecedor

  ◦ _____

    _____

    _____

    _____

- Peça a graça de perdoar e deixar ir

_____
_____
_____
_____
_____
_____

Hora de trabalhar. Diario Salud Economica: Siga o seu padrão de saúde no Tabajo pelos próximos 30 dias. Acompanhe como você passa o dia!

CALENDÁRIO

Tempo	Lição de casa
6am – 8am	
8am – 10am	
10am – 12pm	
12pm – 2pm	
2pm- 4pm	
4pm – 6pm	
Outros_____	

- Você foi eficiente com seu tempo? Explique

  o _____
  _____
  _____
  _____

- Você se sentiu ineficiente em alguma área? Explique

  o _____
  _____
  _____
  _____

- Quanto isso interferiu na sua capacidade de ser produtivo nas áreas e nas coisas que você precisava fazer?

  o _____
  _____
  _____
  _____

- O que você poderia ter feito diferente / melhor?

  o _____
  _____
  _____
  _____

- Que mudanças sugeridas você faria em meu Deus, meu plano, para garantir que você seja um administrador melhor do SEU tempo?

  o _____
  _____
  _____
  _____

BEM-VINDO AO DIA 30 DO NOVO VOCÊ

Jeremias 29:11 Almeida Revista e Corrigida 2009 (ARC)

11 Porque eu bem sei os pensamentos que penso de vós, diz o Senhor; pensamentos de paz e não de mal, para vos dar o fim que esperais.

Horário diário para refeição: acompanhe seu padrão alimentar nos próximos 30 dias.

- Hora de comer/lanche

  - Café da manhã _____

  - Lanche _____

  - Almoço _____

  - Lanche _____

  - Jantar _____

  - Lanche _____

- Como você se sente depois de comer?

  - Café da manhã

    - _____
      _____
      _____
      _____

  - Almoço

    - _____
      _____
      _____
      _____

- Jantar

  - □ _____
    _____
    _____
    _____

  - o Hora da sua última refeição

    - 12horas 13 horas 14 horas 15 horas 16 horas 17 horas
      18 horas 19 horas 20 horas 21 horas 22 horas 23 horas

Horário diário do exercício: Siga o seu padrão de exercícios pelos próximos 30 dias.

Objetivo a exercer:

_____
_____
_____
_____

  - Saúde

    - _____
      _____
      _____
      _____
      _____

∘ Ginástica

- _____
  _____
  _____
  _____
  _____

Hora do dia para o exercício - determine a hora do dia que melhor funciona para você. Você trabalha cedo ou tarde? Você tem mais energia de manhã ou à noite?

___ Mañana   ___ Medio Dia   ___ Noche

Ginásio ou espaço para treino

Qual é o espaço ideal para você? Pesquise na sua comunidade local e veja o que existe e o custo associado a cada opção. Você pode apenas andar pela manhã sem custo associado. Você pode precisar de mais responsabilidade para que as academias com aulas possam ser melhores. Além disso, você pode precisar e, se puder, pagar um personal trainer que estará esperando por você todos os dias para ir à academia ou à academia. O que funciona para você?

____ Academia pequena

____ Academia mista

____ Academia somente para mulheres

____ Piscina

____ Sem piscina

____ Outra _____

Tempo para descanso: saúde mental diária Siga seu padrão de saúde mental pelos próximos 30 dias. Sinta-se livre para adicionar mais linhas, conforme necessário.

Tempo	Lição de casa
6am – 8am	
8am – 10am	
10am – 12pm	
12pm – 2pm	
2pm- 4pm	
4pm – 6pm	
8pm – 10pm	
Outros_____	

Tempo para o estudo: Saúde espiritual diária: Siga seu padrão de saúde espiritual pelos próximos 30 dias.

Reserve um momento, defina uma meta na hora de estudar. Por que isso é importante? Se não for importante, tudo bem, esta seção pode não ser para você. No entanto, encorajo você: "Não bata até que você experimente".

Objetivos:

_____

_____

_____

_____

Que hora do dia é melhor reservar para isso?

___ Manhã cedo   ___ Tarde manhã   ___ Meio dia

___ Tarde   ___ Tarde noite

Quanto tempo você pode alocar responsavelmente para um estudo dedicado?

___ 30 min   ___ 1 hora   ___ 2 horas   ___ 3 horas   ___ Outros

Quais são seus medos ao alocar tempo para estudar? (Seja transparente consigo mesmo, isso é sobre você, lembra?)

_____

_____

_____

_____

_____

_____

Isso é uma necessidade para você nesta estação da sua vida?

___ Sim   ___ Não   ___ Não tenho certeza

Hora de orar Saúde Espiritual Diária: Siga seu padrão de saúde de oração pelos próximos 30 dias.

Qual é o seu objetivo de oração? Você tem um Vamos admitir que isso não é uma prioridade para todos, especialmente se você não está com fome de intimidade com Deus. Se assim for, vamos falar sobre isso. Caso contrário, vamos falar sobre isso. De qualquer forma, esta anotação no diário esclarecerá o quanto você valoriza a oração e seu papel em seu plano de avançar.

Meu objetivo: Como é sua vida diária de oração?

_____

_____

_____

_____

A que hora do dia você faz uma pausa para orar? Onde você está quando faz isso?

- _____

- _____

- _____

Se você tiver dificuldades para começar, considere as etapas acima.

Tire todos os momentos intencionais necessários para concluir a próxima seção em forma de oração. É isso mesmo, escreva seus pontos de oração. Pratique até ter um ritmo ou um ritmo de buscar a Deus através da oração.

Você notará que vai deixar de pedir a Deus que faça coisas por você quando precisar e seguir para uma vida de oração de gratidão. Descobri que quanto mais agradeço, mais abençoado sou.

- Ore a Deus como seu pai, amigo, parceiro

  - Pai Celestial, Pai Deus, Pai, Senhor ... Você escolhe o que chamará:

    _____

    _____

    _____

    _____

- Lembre-se de que quando você ora, não está trazendo nada de novo. Não é como seu pai na terra, mas no céu.

  - _____

    _____

    _____

    _____

- Convide-o a estar presente em sua vida

  - _____

    _____

    _____

    _____

- Obrigado por ser seu fornecedor

  - _____

    _____

    _____

    _____

- Peça a graça de perdoar e deixar ir

_____

_____

_____

_____

_____

_____

Hora de trabalhar. Diario Salud Economica: Siga o seu padrão de saúde no Tabajo pelos próximos 30 dias. Acompanhe como você passa o dia!

CALENDÁRIO

Tempo	Lição de casa
6am – 8am	
8am – 10am	
10am – 12pm	
12pm – 2pm	
2pm- 4pm	
4pm – 6pm	
Outros _____	

- Você foi eficiente com seu tempo? Explique

  o _____
  _____
  _____
  _____

- Você se sentiu ineficiente em alguma área? Explique

  o _____
  _____
  _____
  _____

- Quanto isso interferiu na sua capacidade de ser produtivo nas áreas e nas coisas que você precisava fazer?

  o _____
  _____
  _____
  _____

- O que você poderia ter feito diferente / melhor?

  o _____
  _____
  _____
  _____

- Que mudanças sugeridas você faria em meu Deus, meu plano, para garantir que você seja um administrador melhor do SEU tempo?

  o _____
  _____
  _____
  _____

Você leu o livro, completou fielmente o diário de 30 dias, mas AINDA tem perguntas sobre cada etapa ou ficou preso em um ou MAIS lugares. Tudo bem, isso acontece totalmente. Antecipando suas perguntas e desejando aprofundar sua jornada de mordomia, decidi ajudá-lo ainda mais. Fazer alterações já é bastante difícil ao fazê-lo sozinho, então vamos facilitar ainda mais para você.

É aqui que entram em cena as masterclasses de *Meu Deus, Nosso Plano*. Na Masterclass, eu me aprofundo em cada etapa e respondo às perguntas mais comuns que recebi de pastores, líderes e aqueles que leram o livro.

Você pode obter todos os detalhes sobre as Masterclass *Meu Deus, Nosso Plano* e se inscrever visitando esta página: http://bit.ly/mygod-myplan-masterclass

SOBRE A AUTORA

A Dra. Terika Smith é a Presidente, Fundadora dos Ministérios Terika Smith e Presidente / Pastor da Igreja Internacional de Flowing Rivers, que esta localizada em Lawrence, MA. Ela é a autora de Exceto o Senhor: Quando Deus Se Tornou o Construtor e Escreve a Visão, Faça Livros Simples. Educadora ao longo da vida, ela atuou por mais de 20 anos no campo da educação, ocupando cargos que variam de professor em sala de aula, onde ensinou espanhol, técnico de atletismo, diretora atlético, diretora de ensino médio, professora de faculdade e consultora do estado de MA, entre outros. . Após seu amor ao Senhor, ela deixou a educação centenária para servir em período integral como pastora da Igreja Evangélica Lawrence. Desde então, ela serviu a comunidade local de Lawrence no ministério. Durante seu mandato como pastora e antes da fundação da igreja que ela atualmente pastora, a Dra. Smith fundou o instituto Send Me Minister in Training, que hoje em dia é uma parceria com o IBAD no Brasil, tornando-o um instituto internacional que prepara homens e mulheres de todas as idades na palavra de Deus.

Sua personalidade a revela-a como mãe e avó. Em 2010, sua vida mudou para melhor, como ela escreve em seu livro Exceto o Senhor: Quando Deus Se Tornou o Construtor. A filha, Karen, entrou na vida de adolescente; Karen agora é adulta, casada com um marido maravilhoso, Rich. Juntos, eles têm três filhos e estão construindo uma vida para impactar o mundo.

Não é segredo nenhum para quem a conhece que não há como parar o Dr. Smith. Sua paixão pelas pessoas e sua paixão em ministrar a Palavra de Deus, a colocaram em ambientes que têm fome de maná fresco. Quando a Dr. Smith entra no tribuna ou na sala de aula, sua constante oração a Deus é por um novo maná para as pessoas que ela representa. Uma de sua constante gratidão a Deus é que ela pode repetir um texto, mas nunca uma mensagem. Sua filosofia aqui é a seguinte: "TODOS precisam de uma palavra relevante para eles, oportuna para poder atender às SUAS necessidades".

Ela tem Ministrada em algumas partes dos EUA, República Dominicana, Cuba, Brasil, Zâmbia, África, Guatemala e Porto Rico. Como o Senhor a usou, milhares de vidas foram transformadas quando ela se move na palavra profética que leva a curas e libertações de cativeiros espirituais.

Sua paixão cresce mais a cada dia sabendo que, se ela pode trazer para outros o que Deus trouxe a ela, também pode mudar a vida de muitos ao redor do mundo.

A paixão da Dra. Smith pelas pessoas também pode ser vista em seu trabalho humanitário. Sua história registra seus serviços no México, onde ela ajudou incontáveis órfãos que residiam em um orfanato no México, além de crianças com fissura palatina. Na África, ela e seu ministério apoiaram a educação de crianças em Mombasa, no Quênia e, mais recentemente, na Zâmbia, na África. Em momentos de desastre, ela e sua equipe se levantaram para prestar socorro a inúmeras famílias em sua comunidade local, Porto Rico, Guatemala e Brasil.

Conecte-se com o Dr. Smith nas redes sociais:

https://www.facebook.com/TerikaSmithMinistries/
http://tsmfortheworld.org/
https://www.instagram.com/terikasmithministries/

www.ingramcontent.com/pod-product-compliance
Lightning Source LLC
Chambersburg PA
CBHW062359090426
42740CB00010B/1337